CATALOGUE

DES

LIVRES RARES

ANCIENS ET MODERNES

COMPOSANT LA BIBLIOTHÈQUE

Du PRINCE A*** G***

DONT LA VENTE AURA LIEU

Le Mercredi 14 Mars 1877 et les cinq jours suivants,

A SEPT HEURES ET DEMIE PRÉCISES DU SOIR

RUE DES BONS-ENFANTS, 28

(Salle n° 3)

Par le ministère de Me JUST ROGUET, commissaire-priseur,

Boulevard Sébastopol, n° 9.

DEUXIÈME PARTIE

PARIS

ANTONIN CHOSSONNERY, LIBRAIRE

DES BIBLIOTHÈQUES DE L'ARSENAL, DE LA VILLE DE PARIS

ET DE LA SOCIÉTÉ AMÉRICAINE

47, QUAI DES GRANDS-AUGUSTINS, 47

1877

CONDITIONS DE LA VENTE

Les Acquéreurs payeront, selon l'usage, CINQ POUR CENT en sus des enchères, applicables aux frais de vente.

Les Livres sont garantis COMPLETS ET EN BON ÉTAT, sauf indication contraire. Ils doivent être collationnés sur place et dans les vingt-quatre heures de l'adjudication.

M. A. CHOSSONNERY, Libraire-Expert, chargé de la vente, remplira les Commissions des personnes qui ne pourraient y assister.

Exposition publique, chaque jour de vente, de 2 à 4 heures.

CATALOGUE

DE LA

BIBLIOTHÈQUE

DU

PRINCE A*** G***

CATALOGUE

DES

LIVRES RARES

ANCIENS ET MODERNES

COMPOSANT LA BIBLIOTHÈQUE

Du PRINCE A*** G***

DONT LA VENTE AURA LIEU

Le Mercredi 14 Mars 1877 et les cinq jours suivants,

A SEPT HEURES ET DEMIE PRÉCISES DU SOIR

RUE DES BONS-ENFANTS, 28

(Salle n° 5)

Par le ministère de Me JUST ROGUET, commissaire-priseur,

Boulevard Sébastopol, n° 9.

DEUXIÈME PARTIE

PARIS

ANTONIN CHOSSONNERY, LIBRAIRE

DES BIBLIOTHÈQUES DE L'ARSENAL, DE LA VILLE DE PARIS

ET DE LA SOCIÉTÉ AMÉRICAINE

47, QUAI DES GRANDS-AUGUSTINS, 47

1877

CATALOGUE

DE LA

BIBLIOTHÈQUE DU PRINCE A. G***

DEUXIÈME PARTIE

THÉOLOGIE

1. Iconographie chrétienne, histoire de Dieu, par Didron. *Paris, Imprim. roy.*, 1843, in-4, br.

2. Qu'est-ce que Dieu faisait avant la création du monde? *Paris, s. d.* (1834), in-8, dem.-v. f. (*Extrait.*)

3. Études critiques sur la Bible, Ancien Testament, par Michel Nicolas. *Paris*, 1862, in-8, br.

4. Le Phédon de Platon, ou de l'Immortalité de l'âme, trad. du grec par Dacier. — Pensées de Platon, sur la religion, la la morale, la politique, recueillies et traduites par Victor Le Clerc. *Paris*, 1850, ens. 2 ouvr. en 1 vol. in-16, maroq. r.

5. La Vie de Jésus-Christ, au point de vue de la science, par J. Kuhn, trad. par Nettement. *Paris*, 1843, in-8, br. — Histoire élémentaire et critique de Jésus, par Peyrat. *Paris*, 1864, in-8. — La Mort de Jésus, par D. Ramée. *Paris*, 1863, in-8, br.

6. Nouvelle Vie de Jésus, par le Dr F. Strauss, traduite de l'allemand par Nelftzer et Ch. Dollfus. *Paris*, *s. d.*, 2 vol. in-8, br. — Vie de Jésus de E. Renan. *Paris*, 1863, in-8, br. — Les Apôtres, par E. Renan. *Paris*, 1866, in-8, br. — Saint Paul, avec une carte des voyages de saint Paul, par le même. *Paris*, 1869, in-8, br. — L'Antechrist, par le même. *Paris*, 1873, in-8, br.

7. Marie-Madeleine, ou le Triomphe de la grâce, poëme, par Jean des Marets. *Paris*, *Denys Thierry*, 1669, in-12, fig. de Landry, v.

8. L'Eglise et l'Empire romain au IVe siècle, par A. de Broglie. 3e édit. *Paris*, 1860, 3 parties en 6 vol. in-8, br.

9. Histoire de Grégoire VII, par Villemain. *Paris*, 1873, 2 vol. in-8, br., n. c.

10. Journal du Concile de Trente, par Armand Baschet. *Paris*, 1870, in-8, br. — Roma nel medio evo, di Mariano. *Roma*, 1873, in-8, br.

11. La Monarchie des Solipses, par Jules-Cl. Scotti, jésuite, sous le nom emprunté de Melchior Inchofer ; traduite de l'original latin, par P. Restaut, avocat, publiée par le baron d'Hénin de Cuvilliers. *Paris*, 1824, in-8, fig. et vign., cart., n. r.

12. Le Père Pierre Chaumont, de la Compagnie de Jésus. Autobiographie et pièces inédites, par le Père Auguste Carayon. *Poitiers*, 1869, in-8, br. — Le Père Ricci, général des Jésuites à l'époque de leur suppression (1773), par le même. *Paris*, 1869, in-8, br. — Missions des Jésuites dans l'Archipel grec. Lettres du Père Gilles Henry, par le même. *Paris*, 1869, in-8, br.

13. Jacques de Sainte-Beuve, docteur de Sorbonne et professeur royal. Etude d'histoire privée, contenant des détails inconnus sur le premier Jansénisme. *Paris*, 1865, in-8, br. — Jacques Crétineau-Joly. Sa vie politique, religieuse et littéraire, d'après ses mémoires, sa correspondance et autres documents inédits, par l'abbé A. Maynard. *Paris*, 1875, in-8, portr., br., n. c.

14. Christianisme et Paganisme. Identité de leurs origines, ou nouvelles symboliques, par Paul Renand. *Paris*, 1861, in-8, br.

15. Virginie de Leiva, ou Intérieur d'un couvent de femmes en Italie au commencement du XVIIe siècle, par Philarète Chasles. *Paris*, *Poulet-Malassis*, 1861, in-12, portr. et eau-forte sur chine avant et avec la lettre, dem.-mar. gren.

16. Flagellation et the Flagellants, by Rev. Cooper. *London, s. d.*, in-8, fig. et vign., cart.

Curieux ouvrage.

17. PITZIPIOS (J.-G.). L'Eglise orientale. Exposé historique de sa séparation et de sa réunion avec celle de Rome. Accord perpétuel de ces deux Eglises dans les dogmes de la foi, la continuation de leur union. L'apostasie du clergé de Constantinople, sa violation des institutions de l'Eglise orientale. *Rome*, 1855, 3 part. en 1 vol. in-8, pap. vél., br.

18. KHOMIAKOFF (A.-J.). L'Eglise latine et le Protestantisme, au point de vue de l'Eglise d'Orient. *Lausanne*, 1872, in-8, br.

19. L'Imitation de Jésus-Christ, traduite et paraphrasée en vers français par P. Corneille. *Paris, Gay*, 1862, in-12, pap. vergé, br.

20. Pia desideria, tribus libris comprehensa. Auctore R. P. H. Hugone, S. J. *Antuerpiæ, J.-B. Verdussen*, 1740, in-12, fig. (44), maroq. rou. à comp., tr. dor. (*Cach. sur le titre. — Déch. au feuillet* 246.)

21. Recueil des factums de la Dlle Cath. Cadière, du Père J.-B. Girard, jésuite, du P. Est.-Th. Cadière, dominicain, de messire Fr. Cadière, prêtre, et du P. Nicolas de Saint-Joseph, prieur des Carmes déchaussés de Toulon. *Aix*, 1731, in-fol., dem.-v. gr.

22. La Polymachie des marmitons, ou la Gendarmerie du Pape. *A Lyon*, 1563, br. in-8.

Réimpression faite, en 1851, par Berger-Levrault, à Strasbourg. Tiré à petit nombre.

23. Le PRÊTRE ch...., ou le Papisme au dernier soupir. *Genève, Gay*, 1868, pièce in-12, pap. de Chine, br.

Réimpression textuelle faite sur l'édition rarissime et unique de La Haye, 1747. Un des quatre exemplaires sur chine.

24. MÉMOIRES d'un prêtre régicide. *Paris*, 1829, 2 vol. in-8, br. (*Mouillures.*)

25. Le Maudit, par l'abbé ***. *Paris*, 1864, 3 vol. in-8, br.

26. Préliminaires de la question romaine, par Edm. About. *Londres*, 1860, in-8, br.

27. Le Secret de Rome au XIXe siècle, par Eugène Briffault.

Paris, 1846, gr. in-8, illustré, dem.-chagr. rou., avec coins.

28. État de l'homme dans le péché originel, par Beverland. *Imprimé dans le monde, en* 1731, in-12, v. br. (*Rare.*)

29. Livre échappé au déluge, ou Pseaumes nouvellement découverts, composés dans la langue primitive, par S. Ar.-Lamech, de la famille de Noé, translatés en françois par P. Laheeram. *A Sirape ou à Paris, chez Sylvain Maréchal*, 1784, in-12, dem.-ch. bl. (*Rare.*)

30. Le Koran, traduction nouvelle, faite sur le texte arabe, par Kasimirski. *Paris*, 1869, in-12, dem.-ch. n. — Mahomet et le Coran, par Barthélemy Saint-Hilaire. *Paris*, 1865, in-12, br.

JURISPRUDENCE

31. Précis du droit moderne de l'Europe, par de Martens. *Paris*, 1838, 2 vol. in-8, br.

32. Le Droit des gens, ou Principes de la loi naturelle, par Vattel. *Paris*, 1863, 3 vol. in-12, br.

33. Histoire du droit de guerre et de paix, par Marc Dufraisse. *Paris*, 1867, gr. in-8, br.

34. De la Réforme du droit des gens, par Fréd. Seebohm, traduit de l'anglais par D.-D. Farjasse. *Paris*, 1873, in-8, br. — Essai sur l'histoire et la législation de l'usure, par Jules Liégeois. *Paris*, 1863, in-8, br.

35. Code Napoléon. Édition originale et seule officielle. *Paris, Imprimerie impériale*, 1811, in-4, papier vél., mar. rou., doublé de tabis, dent., tr. dor.

Bel exemplaire.

36. Procès Praslin (assassinat de Mme la duchesse de Praslin). *Paris, Imprim. roy.*, 1847, in-4, pap. de Holl., dem.-maroq., n. rog.

37. Causes amusantes et connues (par Robert Estienne). *Berlin*, 1769, 2 vol. in-12, fig., bas.

Sciences et Arts.

1. — MORALE, PHILOSOPHIE

38. Maximes et Réflexions morales, par le duc de La Rochefoucauld. Nouv. édit. *Paris, Didot*, 1820, in-8, portr. et fac-simile, chag. r.

39. Les Caractères de Théophraste, traduits du grec, avec les Caractères ou les Mœurs de ce siècle, par La Bruyère, publ. par Adrien Destailleur. *Paris*, 1861, 2 vol. in-12, dem.-v. fauve.

40. Les Caractères, ou les Mœurs de ce siècle, par La Bruyère. Texte revu et annoté par Charles Asselineau. *Paris, Lemerre*, 1872, 2 vol. pet. in-8, br.

41. Pensées, Maximes, Réflexions, par le comte de Ségur. *Paris, Didot*, 1823, in-18, dem.-rel., dos et coins v. bl., tr. jasp. — Éducation des mères de famille, ou de la Civilisation du genre humain par les femmes, par L. Aimé Martin. Septième édit. *Paris*, 1859, 2 vol. in-12, br. — La Morale fouillée dans ses fondements, par Sièrebois. *Paris*, 1867, in-8, br.

42. Correspondance philosophique de Caillot-Duval. *Nancy*, 1795, in-8, dem.-v. fauve, n. rog.

43. De Victor Cousin. Introduction à l'histoire de la philosophie. *Paris*, 1872, in-8, br. — Histoire générale de la philosophie depuis les temps les plus anciens jusqu'au XIXe siècle. *Paris*, 1867, in-8, br. — Histoire générale de la philosophie. *Paris*, 1867, in-8, br. — Fragments philosophiques (philosophie moderne). *Paris*, 1866, 2 vol. in-8, br. — Du Vrai, du Beau et du Bien. *Paris*, 1860, in-8, portr., br.

44. Philosophie de la société, étude sur notre organisation sociale, par Paul Ribot. *Paris*, 1869, in-8, br. — Etude de l'homme, par Latena. *Paris*, 1859, in-8, br.

45. Saint-Martin, le philosophe inconnu, sa vie, ses écrits, par Matter. *Paris*, 1862, in-8, br. — Emmanuel de Swe-

denborg, sa vie, ses écrits et sa doctrine, par le même. *Paris*, 1863, in-8, br.

46. L'Homme, merveilles de la nature humaine, origine de l'homme, son développement de l'état sauvage à l'état de civilisation, par le docteur Zimmermann. *Paris, s. d.*, gr. in-8, nombr. figures, br.

47. Harangues et Commentaires littéraires et philosophiques, par Bancel. *Paris*, 1864, 3 vol. in-8, br.

2. — ÉCONOMIE SOCIALE ET POLITIQUE

48. Dictionnaire général de la politique, par Maurice Block. *Paris*, 1863, 2 forts vol. gr. in-8, dem.-chagr. n.

49. Système social, ou Principes naturels de la morale et de la politique, avec un examen de l'influence du gouvernement sur les mœurs, par l'auteur du Système de la nature. *Londres*, 1774, 3 tomes en 1 vol. in-8, dem.-v. f.

50. De la Démocratie et des Gouvernements mixtes, trad. de l'anglais de lord Brougham, par Louis Régis, précédé d'une étude sur lord Brougham, par le vicomte d'Haussonville. *Paris*, 1872, in-8, br.

51. Les Ouvriers des deux mondes. *Paris*, *Guillaumin*, 1858, 4 vol. in-8, br.

52. Les Inventeurs et leurs Inventions, par Emile With. *Paris*, 1864, in-12, br. — Mémoires d'un ouvrier de Paris, 1871-72, par Audiganne. *Paris*, 1873, in-12, br.

53. Etudes et Lectures sur les sciences d'observation et leurs applications pratiques, par Babinet. *Paris*, 1855-63, 7 vol. in-8, dem.-chagr. v.

54. Traité des finances et de la fausse monnaie des Romains, auquel on a joint une dissertation sur la manière de discerner les médailles anciennes d'avec les contrefaites, par Chassipol. *Paris*, 1740, in-12, v. m.

3. — SCIENCES NATURELLES ET MÉDICALES

55. Encyclopédie des gens du monde, répertoire universel des sciences, des lettres et des arts, par une société de savants. *Paris, Treuttel et Würtz*, 1833, 22 vol. in-8, dem.-chagr. v.

56. Dictionnaire universel des sciences, des lettres et des arts, par M.-N. Bouillet. *Paris, Hachette*, 1861, 1 fort vol. in-8, rel. toile chagr.

57. La Terre avant le déluge, par Louis Figuier. *Paris*, 1863, gr. in-8, figures et cartes.

58. L'Homme préhistorique, par sir John Lubbock, trad. de l'anglais par Ed. Barbier. *Paris*, 1876, in-8, nombr. vign., cart. à la Bradel, tr. dor.

59. L'Origine des espèces, au moyen de la sélection naturelle, ou la Lutte pour l'existence dans la nature, par Ch. Darwin, trad. et augm. de notes, par Moulinié. *Paris*, 1873, in-8, cart., n. r.

60. La Descendance de l'homme et la Sélection sexuelle, par Ch. Darwin, trad. de l'angl. par Moulinié. 2e édit., revue par E. Barbier. *Paris*, 1873, 2 vol. in-8, vign., cart., n. c.

61. L'Expression des émotions chez l'homme et les animaux, par Ch. Darwin, trad. par S. Pozzi et R. Benoît. *Paris*, 1874, in-8, fig. et pl. photog., cart., n. c.

62. Physiologie du goût, par Brillat-Savarin. *Paris, Charpentier*, 1862, in-12, dos et coins mar. v.

63. Le Double Almanach du gourmand, par Ch. Monselet. *Paris*, années 1866 à 1870, en 1 vol. pet. in-8, vign., dem.-ch. bl., tr. sup. dor., n. r.

64. La Salle à manger du docteur Véron, par Joseph Arçay. *Paris*, 1868, in-12, br. — Physiologie du goût, par Brillat-Savarin. *Paris*, 1869, in-12, br.

65. Paris à table, par Eug. Briffault, illustré par Bertall. *Paris, Hetzel*, 1846, in-8, cart., tr. dor.

66. Les Soupers de la cour, ou l'Art de travailler toutes sortes d'aliments, pour servir les meilleures tables, suivant les

quatre saisons, par Menou. *Paris*, *Guillyn*, 1755, 4 vol. in-12, bas. (*Rare.*)

67. De la Santé des gens de lettres, par Tissot. *Lausanne*, 1770, in-12, v. m. — L'Onanisme, dissertation sur les maladies produites par la masturbation, par le même. *Lausanne*, 1797, in-12, dem.-rel.

68. Moyens de prolonger l'existence et de prévenir les maladies, par Eugène Paz. *Paris*, 1870, in-8, fig., br.

Beaux-Arts.

OUVRAGES ET JOURNAUX ILLUSTRÉS

69. Tableau historique des beaux-arts, depuis la Renaissance jusqu'à la fin du XVIIIe siècle, par Louis et René Ménard. *Paris*, 1866, in-8, br.

70. Histoire de l'art en France, recueil raisonné et annoté de tout ce qui a été écrit et imprimé sur la peinture, la sculpture, l'architecture et la gravure françaises depuis leur origine jusqu'à nos jours, par Poussin, Félibien, Mignard, de Piles et autres. *Paris*, *s. d.*, in-8, br.

71. Rome souterraine, par Spencer Northcote et Brownlow, trad. de l'angl. par Paul Allard. Ouvrage illustré de 20 chromolith. et d'un plan du cimetière de Calliste, et de soixante-dix vignettes. *Paris*, 1872, in-8, br.

72. Pompéia décrite et dessinée, suivi d'une notice sur Herculanum, par Ernest Breton. *Paris*, 1855, gr. in-8, fig., br.

73. Pompéi, les Catacombes, l'Alhambra, par de Lagrèze. *Paris*, *Didot*, 1872, gr. in-8, 95 grav. par Racinet, Bénard, etc., dem.-chagr. bl., plats toile, tr. dor.

74. Histoire de l'imagerie populaire et des cartes à jouer à Chartres, par J.-M. Garnier. *Chartres*, *Garnier*, 1869, in-8, nombr, fig. sur bois, br.

75. Histoire de la caricature antique, du moyen âge, sous la République, l'Empire et la Restauration, et de la carica-

ture moderne, par Champfleury. *Paris*, 1872-1874, 4 vol. in-12, figures, br.

76. Rapport sur les livres et estampes des bibliothèques du palais des Arts, présenté à M. Terne, maire de Lyon. *Lyon, imprim. de Perrin*, 1844, in-fol., portr., fig., br.

77. Notice sur Jacques Guay, graveur sur pierres fines du roi Louis XV. Documents inédits émanant de Guay, et notes sur les œuvres de gravure en taille-douce et en pierres fines de la marquise de Pompadour, par Leturcq. *Paris, Baur*, 1873, gr. in-8, fig. et fac-simile, br.

78. Histoire de la coiffure, de la barbe et des cheveux postiches, par et d'après Molé, Thiers, Dulaure, Nicolaï, P. Lacroix, Alph. Duchêne et Ferd. Seré. *Paris*, 1858, gr. in-8, dem.-maroq. rou., av. coins, tr. supér. dor., n. rog.

79. Histoire de la mode en France, par E. de La Bédollière. *Paris*, 1858, in-18, br. — Histoire de la crinoline au temps passé, par A. de La Fizelière. *Paris*, 1859, in-12, br.

80. Etrennes géographiques, ou Costumes des principaux peuples de l'Europe. *Paris*, 1815, in-18, cart., fig. coloriées, bas.

81. Costumes civils actuels de tous les peuples connus, dessinés d'après nature, gravés et coloriés, accompagnés d'une notice historique sur les mœurs, usages, coutumes, religions, fêtes, supplices, etc., par Sylvain Maréchal. *Paris*, *s. d.*, 4 vol. gr. in-8, fig. col., cart., n. r.

Deuxième édition, corrigée.

82. Annuaire des artistes et des amateurs, par Paul Lacroix. *Paris*, 1860-61, 2 vol. in-8, br.

83. Polyanthea archéologique, ou curiosités, raretés, bizarreries et singularités de l'histoire religieuse, civile, industrielle, artistique et littéraire dans l'antiquité, le moyen âge et les temps modernes, par T. de Jolimont. *S. l.*, 1843-44, 3 broch. rel. en 1 vol. in-8, dem.-v. f.

Monologie du mois d'avril. Poissons d'avril. — Histoire des œufs. Œufs de Pâques, etc. — De l'usage de saluer et d'adresser des souhaits à ceux qui éternuent.

84. L'Œuvre complet de Rembrandt, décrit et commenté par Charles Blanc. *Paris*, *Gide*, 1859, 2 tom. en 3 livraisons gr. in-8, portr. et fig. à l'eau-forte, br.

85. Joseph Vernet et la Peinture au XVIIIe siècle, par Léon Lagrange. *Paris*, 1864, 1 vol. in-8, br.

86. Raffet. Sa vie et ses œuvres, par Auguste Bry. *Paris*, 1874, in-8, portr. et fac-simile, br.

87. E. Delacroix et son Œuvre, avec des gravures en fac-simile des planches originales les plus rares, par Ad. Moreau. *Paris*, 1873, in-8, br.

88. Scènes populaires, dessinées à la plume, par Henry Monnier. *Paris, Dentu*, 1864, in-8 illustré, br.

89. Les Gens de Paris, par Gavarni. *Paris, s. d.*, 120 gravures rel. en 1 vol. gr. in-8, dem.-chagr. v.

90. Œuvres choisies de Gavarni, édition spéciale, suivie de l'œuvre : les Gens de Paris. 520 dessins avec leurs légendes. *Paris*, 1864, in-folio, cart.

91. Masques et Visages, par Gavarni. *Paris*, 1868, gr. in-8, nombr. vign., cart., tr. dor.

92. Gavarni, l'homme et l'œuvre, par E. et J. de Goncourt. *Paris*, 1873, in-8, portr. à l'eau-forte, par Flameng, broché.

93. Gavarni. Manières de voir et façons de penser. Précédé d'une étude sur Gavarni, par Charles Yriarte. *Paris*, 1869, in-12, br.

94. Le Purgatoire et le Paradis de Dante Alighieri, avec les dessins de Gustave Doré, traduction française de P.-A. Fiorentino, accompagnée du texte italien. *Paris, Hachette*, 1868, in-fol., cart., n. r.

95. L'Enfer de Dante Alighieri, avec les dessins de Gustave Doré, trad. française de P.-Aug. Fiorentino, accompagnée du texte italien. *Paris, Hachette*, 1868, in-fol., cart., n. r.

96. Le nouveau Paris, par Emile de La Bédollière, illustrations de Gustave Doré. *Paris, Barba, s. d.*, gr. in-8, dem.-marq. rou. du Levant, tr. sup. dor., n. r.

97. Les Français peints par eux-mêmes. Texte par les sommités littéraires. Tom. II. La Province. *Paris, Curmer*, 1840, gr. in-8 sur chine, illustré, br.

98. Châteaux et Ruines historiques de France, par Alexandre de Lavergne. *Paris*, 1845, gr. in-8 illustré, cuir de Russie, tr. sup. dor., n. r.

99. La Normandie, par Jules Janin. *Paris, Bourdin, s. d.*, gr. in-8 illustré, cart.

100. L'Empire chinois, illustré d'après les dessins de Th. Allom, avec descriptions par Cl. Pellé. *Londres, s. d.*, in-4, nombr. vues, dem.-maroq. Lavall., dos et coins, tr. sup. dor., n. r.

101. Les Beautés du Bosphore, par miss Pardoe, orné de vues d'après les dessins de W. Bartlett, trad. de l'anglais par L. de Bauclas. *Londres, s. d.*, in-4, dem.-maroq. Lavall., dos et coins, tr. dor., n. r.

102. Iliade d'Homère, traduction nouvelle par P. Lagrandville. Notice par J. Janin. *Paris, Lévy*, 1871, gr. in-8, br.

Belle édition, ornée de gravures d'après Marillier.

103. Voyage en Italie, par Jules Janin. *Paris, Bourdin, s. d.*, gr. in-8 illustré, dem.-ch. rou., tr. dor.

104. Voyage d'Horace Vernet en Orient, par G. Fisquet. *Paris, Challamel, s. d.*, gr. in-8, fig. color., dem.-ch. vert.

105. Londres et les Anglais, par Emile de La Bédollière, illustrés par Gavarni. *Paris, Barba, s. d.*, gr. in-8 illustré, dem.-maroq. rou., tr. sup. dor., n. r.

106. Het groote taferecl der dwaas heid. *Zotte*, 1720, in-fol., v. (*Titre et 2 ff. détér.*)

Satire en vers hollandais, contre le financier Law. A la suite se trouvent un grand nombre de gravures satiriques sur le même sujet. Important recueil.

107. La Colombiade, ou la Foi portée au nouveau monde, poëme par Mme Duboccage. *Paris*, 1856, in-8, fig. de Chedel, dem.-rel.

108. Les Métamorphoses, ou l'Ane d'or d'Apulée. Nouv. édit. *Paris, Bastien*, 1787, 2 vol. in-8, portr. et fig., dem.-rel.

109. Portraits des personnages célèbres de la Révolution, par François Bonneville. *Paris*, 1796, 4 vol. in-4, 204 fig., dem.-v.

110. Les Femmes blondes selon les peintres de l'Ecole de Venise, par deux Vénitiens. *Paris, Aubry*, 1865, in-8, br.

111. Marie Stuart, par de Lescure, dix compositions par

Carolus Duran gravées par MM. Braquemond et Rajon. *Paris, s. d.,* gr. in-8, portr., br.

112. Etude sur Georget Michel, par Alfred Sensier. *Paris*, 1873, gr. in-8, portr. et eaux-fortes, br.

113. Le Roman à l'eau-forte, en douze chapitres inédits, par J. Poisle-Desgranges, illustré par Alfred Taïée. *Paris*, 1874, gr. in-8, br.

114. Choix de légendes populaires. *Paris, s. d.* (1860), 3 vol. in-4 illustrés, br.

115. Catalogue de vingt-trois tableaux des Ecoles flamande et hollandaise, provenant de la célèbre galerie San-Donato, à Florence. *Paris*, 1868, in-8, pap. de Holl., 23 eaux-fortes, br.

116. Le Pamphlet, journal quotidien illustré. *Paris*, 1848, n°s 1 à 61, in-fol. et in-4.

117. Le Centaure, journal de luxe illustré. *Paris*, 1868, n^os de janvier et de février, in-4, pl. coloriées, br.

118. Album de l'Univers illustré. *Paris*, 1862, in-folio, br.

119. Punch. *London*, du 24 octobre 1863 au 25 juin 1864. En un vol. in-4, fig., dem.-v. v.

120. L'Univers illustré. 1858 à 1865, 14 v. in-fol., cart. toile.

Le deuxième semestre de 1864 et l'année 1865 sont brochés.

121. l'Exposition universelle de 1867, illustrée; rédacteur : M. Fr. Ducuing. *Paris, s. d.*, 2 vol. in-fol., cart. toile.

122. Le Monde illustré. Décembre 1861 à juin 1862, 26 n^os.

123. Le Tour du monde, nouveau journal des voyages, par Edouard Charton. *Paris*, 1860-67, 8 vol. gr. in-8 illustrés, rel. toile bl. chagr.

Littérature.

1.—GÉNÉRALITÉS, DICTIONNAIRES, JOURNAUX

124. PETRONIUS, Bruchstücke eines Sittenromanes aus Nero's Zeit. als Anhang; 43 priapeische Lieder. *Stuttgart*, 1874, in-8, br.

125. Histoire de la littérature française, par D. Nisard. *Paris*, 1874, 4 vol. in-12, br.

126. Histoire des livres populaires et de la littérature du colportage, par Charles Nisard. Deuxième édit. *Paris*, 1864, 2 vol. in-12, br.

127. KREYSSIG. Ueber die französische Geistesbewegung im neunzehnten Jahrhundert. *Berlin*, 1873, in-16, br.

Savante dissertation sur le mouvement intellectuel de la France au XIXe siècle.

128. Causeries du lundi. *Paris*, 1869, 15 vol. in-12, dem.-v. ant.

128 *bis*. Nouveaux Lundis, par le même. *Paris*, 1870, 13 vol. in-12, demi-v. ant.

129. Historiens, Poëtes et Romanciers, par Cuvillier-Fleury. *Paris*, 1863, 2 vol. in-12, br.

130. Histoire de la littérature française pendant la Révolution (1789-1800), par Géruzez. *Paris*, 1859, in-12, br. — Mélanges d'art et de littérature, par de Stendhal. *Paris*, 1867, in-12, br.

131. Histoire de la littérature française, par Sayous. *Paris*, 1871, 2 vol. in-8, br.

132. Histoire de l'Académie française, par Pélisson et d'Olivet, publ. par Ch. Livet. *Paris*, 1858, 2 vol. in-8, br. — L'ancienne Académie des inscriptions et belles-lettres, par Alfred Maury. Deuxième édit. *Paris*, 1844, in-12, dem.-ch. r.

133. Recueil des factums de Furetière, publ. par Ch. Asse-

lineau. *Paris, Poulet-Malassis,* 1859, 2 vol. in-12, broch. (*Epuisé.*)

134. Dictionnaire historique de la langue française. *Paris, Didot,* 1858, in-4, br. (*Tome Ier.*)

135. Dictionnaire général français-anglais et anglais-français, par Spiers. *Paris,* 1862-63, 2 vol. gr. in-8, dem.-v.

136. Revue critique d'histoire et de littérature, publ. par MM. P. Meyer, Ch. Morel, G. Paris, H. Zotenberg. *Paris, Franck,* années 1866 à 1875, 1er semestre, 17 part. in-8, br.

137. Critiques et Etudes littéraires, ou Passé et Présent, par Ch. de Rémusat. *Paris,* 1859, 2 vol. in-12, br.

138. Les Sept Péchés capitaux de la littérature et le Paradis des gens de lettres, par Ch. Asselineau. *Paris,* 1872, in-12, pap. teinté, portr., br.

139. Etudes sur les proverbes français et le langage proverbial, par Quitard. *Paris,* 1860, in-8, br.

140. Dictionnaire encyclopédique d'anecdotes modernes, anciennes, françaises et étrangères, par Edmond Guérard. *Paris,* 1872, 2 vol. in-8, br.

141. Le Conservateur (par M. de Chateaubriand et autres). *Paris,* 1818, 6 vol. in-8, bas. rac.

142. Mayeux. Journal politique et satirique. *Paris et Sceaux,* 1831, livraisons 1 à 32 en 1 vol. in-4, dem.-cuir de Russie.

143. Le véritable Mayeux, évangéliste populaire. *Paris,* 1832, 31 livraisons en 1 vol. in-4, dem.-rel. cuir de Russie.

144. La Lanterne, par H. Rochefort. *Paris,* 1868-69, nos 1 et 17 à 25, 34 à 40, 42, 44 à 77. Ens. 49 broch. in-18.

145. La Cloche, par Ferragus (Louis Ulbach). *Paris,* 1868-69, 71 nos in-18, br. — Le Diable à quatre, par H. de Villemessant, A. Duchesne, E. Lokroy, etc. *Paris,* 1868-69, 39 nos in-16, br.

146. Autographe (l'). *Paris,* 1864, album in-4 oblong.

147. Autographe (l'). Evénements de 1870-1871. 2e série. Préface par Alphonse Karr. *Paris,* 1872, in-4 oblong, cart.

148. Gazette de France, du 5 février 1757 à 1760 et 1769-1770. Ens. 2 vol. in-4, bas.

149. Réimpression de l'ancien Moniteur, seule histoire authentique et inaltérée de la Révolution française depuis la réunion des Etats-Généraux jusqu'au Consulat. *Paris*, 1850, 1854, 32 vol. gr. in-8, dem.-v. bl.

150. L'Esprit des autres, recueilli et raconté par Edouard Fournier. *Paris*, 1857, in-12, pap. vergé, br.

151. L'Esprit dans l'histoire, recherches et curiosités sur les mots historiques, par Edouard Fournier. *Paris*, 1860, in-12, br.

152. Le Vieux neuf, histoire ancienne des inventions et des découvertes modernes, par Edouard Fournier. *Paris*, 1859, 2 vol. in-12, br.

2. — ÉPISTOLAIRES

153. Correspondance et Œuvres de Goëthe. *Paris, Charpentier*, 1843-63, 5 vol. in-12, dem.-v. f.

154. Correspondance littéraire, philosophique et critique, depuis 1753 jusqu'en 1790, par Grimm et Diderot. *Paris, Furne*, 1829-31, 15 vol. — Correspondance inédite des mêmes. *Paris*, 1829, 1 vol. — Ens. 16 vol. in-8, dem.-ch. r.

155. Lettres d'Eugénie de Guérin, publiées avec l'assentiment de sa famille, par G.-S. Trébutien. 4e édit. *Paris, Didier*, 1875, in-8, dem.-ch. bl.

156. Correspondance de Lamartine, publiée par Mme Valentine de Lamartine. *Paris*, 1873, 4 vol. in-8, br.

157. Correspondance de Lamennais, publiée par Forgues. *Paris*, 1863, 2 vol. in-12, br.

158. Lettres et opuscules inédits de J. de Maistre, publiés par son fils. *Paris*, 1851, 2 vol. in-8, portr., dem.-v. f., n. rog.

159. Lettres, Instructions et Mémoires de Marie Stuart, reine d'Ecosse, publiés par Teulet. *Londres et Paris*, 1852-59, 7 vol. in-8, br., n. c.

160. Lettres du cardinal d'Ossat, avec des notes historiques et politiques de M. Amelot de La Houssaie. *Amsterdam*, 1732, 5 vol. in-12, dem.-rel.

161. Lettres choisies de Mme de Sévigné, accompagnées de notes explicatives sur les faits et les personnages du temps. *Paris*, 1869, in-12, dem.-v. bl.

162. Nouvelle Correspondance, entièrement inédite, d'Alexis de Tocqueville. *Paris*, 1866, in-8, br.

163. Lettres inédites de Voltaire, recueillies par M. de Cayrol, précédées d'une préface par M. de Saint-Marc Girardin. *Paris*, 1857, 2 vol. in-8, br.

3. — POÈTES

164. Idylles de Théocrite et Odes anacréontiques, trad. par Leconte de Lisle. *Paris*, 1861. — Poésies complètes du même. *Paris*, 1858, front. — Ens. 2 vol. in-12, dos et coins maroq. Lavall., tr. sup. dor., n. r.

165. Les Saisons, poëme, par Thompson, traduit de l'anglois. *Paris*, 1779, in-8, frontisp., figures et vign. d'Eisen, gravés par Baquoy, v. br., fil.

166. Le Livre de Matheolus, poëme français du XIVe siècle, par Jean Le Fèvre. *Bruxelles*, 1864, in-8, pap. vergé, br. en 2 part.

167. Maistre Pierre Pathelin, suivi du Nouveau Pathelin et du Testament de Pathelin (farces du XVe siècle). Nouvelle édition, avec des notices et des notes, par P.-L. Jacob, bibliophile. *Paris*, 1859, in-12, pap. vergé, dos et coins de maroq. ant., tr. sup. dor., n. r.

168. Mystères inédits du XVe siècle, par Ach. Jubinal. *Paris, Techener*, 1837, 2 vol. in-8, fig., br.

169. La FLEUR de poesie françoyse, recueil joyeulx contenant plusieurs huictains, dixains, quatrains, chansons et autres dicts de diverses matières. *Bruxelles*, 1872, pet. in-12, pap. vergé, br. — Les Gayetez et les Epigrammes de P. de Ronsard, gentil-homme vandômois, dédiées à Jean-Antoine de Baïf, poëte françois. *Amst.*, 1865, in-12, pap. vergé, br.

Réimpressions tirées à 100 exemplaires.

170. Le TESTAMENT de Carmentrant à VIII personnaiges. *Paris*, 1830, in-12, pap. de Holl., dem.-v. v.

171. Améthystes, nouvelles odelettes amoureuses, composées sur des rhythmes de Ronsard, par Théodore de Banville. *Paris*, 1862, in-18, br.

172. L'ENFANT sage à trois ans, avecque la semilitude de Lenffant prodigue. *Paris*, 1859, in-8 goth., pap. de Holl., br.

Réimpressions tirées à petit nombre.

173. Les Petits Maistres, satire. *Paris, chez Claude Barbin*, 1694, in-4, demi-maroq. r., tr. sup. dor.

174. Cabinet satyrique, ou recueil parfait des vers piquants et gaillards de ce temps, tirés des cabinets secrets des sieurs de Sygognes, Régnier, Motin, Berthelot, Maynard et autres. Nouvelle édit. *S. l.*, 1864, 2 vol. in-12, eau-forte, pap. de Holl., br.

175. Le Parnasse satyrique du sieur Théophile, suivi du Nouveau Parnasse satyrique, édit. revue sur toutes les édit. du XVIIe siècle, corrigée et annotée. *S. l.*, 1864, 2 vol. in-12, eau-forte, pap. de Holl., br.

176. Élégies de Jean Second, trad. nouvelle par Victor Develay, avec un front. de Marillier et un portrait. *Paris*, 1872, in-8, pap. vél., dos et coins maroq. r. du Levant, tr. sup. dor., n. r.

177. Mémoires de Milord ***, trad. de l'anglois, par D. L. P. *Paris*, 1737. — Histoire d'Iris, par Poisson. *La Haye*, 1736. — Epître de Gresset, au Père ***. *Paris*, 1737. — 3 ouv. en 1 vol. in-12, v. gr., fil. (*Aux armes de Bréhan.*)

178. La Pipe cassée, poëme, par Vadé. 4e édit. *Sur le port au bled, s. d.* — Bouquets poissards. *A la Grenouillère*, 1759. — Lettres de la Grenouillère. *A la Grenouillère, s. d.* — Le Déjeuner de la Râpée. — Le Boute-en-train. — Margot la Bouquetière. — Desserts et Petits Soupers. *De l'impr. de la Joye*, 1755. — Ensemble 7 pièces en un vol. in-12, v. vert, dos orné, tr. dor.

179. La Pipe cassée, poëme épitragipoissardihéroïcomique, par Vadé. *Paris, Leclère*, 1866, in-8, pap. de Chine, fig. d'après Eisen, br.

180. Pièces libres de M. Ferrand et poésies de quelques auteurs, sur divers sujets. *Londres*, 1760, pet. in-8, br., *non coupé*.

2

181. Graves Observations sur les bonnes mœurs, faites par le Frère Paul, hermite de Paris. *De l'imprimerie de l'Hermite*, 1779, in-12, br.

Poésies assez libres.

182. Voyage de Piron à Beaune, par Honoré Bonhomme. *Paris*, 1863, in-12, br.

183. Etrennes lyriques, anacréontiques, pour 1782 et 1786. *Paris*, 1782-86, 2 vol. in-12, fig. de Cochin, maroq. rou., fil., tr. dor.

184. Opuscules du chev. de Parny. *Paris*, 1784, 2 vol. in-16, figures de Monnet gravées par Anselin, v. éc., fil., tr. dor.

185. Choix de fabliaux mis en vers. *Genève et Paris*, 1788, 2 vol. in-12, fig., n. c.

186. Opuscules philosophiques et poétiques du Frère Jérôme, mises au jour par son cousin Gabriel P. *A Paris*, 1796, in-12, dem.-v. f.

187. Messéniennes et poésies diverses, par Casimir Delavigne. 9ᵉ édit. *Paris*, *Ladvocat*, 1824, in-8, fig. sur chine de Devéria, v. gaufré, dent., tr. dor.

188. Messéniennes et poésies diverses, par le même. 15ᵉ édit. *Paris*, 1831, 2 vol. in-8, fig., dem.-v. v.

189. Marie et Ferdinand, poëme. A la famille royale, par Charles Monselet. *Bordeaux*, 1842, in-8, cart.

Longue annotation manuscrite de l'auteur.

190. Vers, par Levasseur, Prarond, Argonne. *Paris*, 1843, in-12, br.

On lit sur le faux titre cette note autographe de Ch. Monselet : « Rare ; lire page 125 un singulier sonnet à Beaudelaire. »

191. Poésies, par Théodore de Banville (1841-1854). *Paris*, 1857, in-12, pap. de Holl., eau-forte, dem.-chagr. brun.

Tiré sur ce papier à 15 exemplaires.

192. Poésies barbares, par Leconte de Lisle. *Paris*, *Poulet-Malassis*, 1858-62, 3 vol. in-12, dem.-chagr. viol. avec coins, tr. sup. dor., n. rog.

193. La Confession d'un enfant du siècle. — Œuvres posthumes. — Contes. — Premières poésies. — Poésies nouvelles. — Nouvelles. — Comédies et Proverbes, par Alfred de Musset. *Paris*, 1859-63. — Ens. 8 vol. in-12, br.

194. Sonnets humouristiques, par J. Soulary, avec une préface par Jules Janin. *Lyon, imprim. de Perrin*, 1859, pet. in-8, portr., pap. vergé, br.

195. La Muse pariétaire et la Muse foraine, ou les Chansons des rues depuis quinze ans, par C. N. *Paris*, *Gay*, 1863, in-8, br.

Tiré à petit nombre.

196. Le Philandre, poëme pastoral, par Fr. de Maynard, précédé d'une notice sur la vie de l'auteur par Guil. Colletet, publ. par Prosper Blanchemain. *Genève*, *Gay*, 1867, in-12, pap. vergé, br.

Tiré à 100 exemplaires.

197. La Rapinéide, ou l'Atelier, poëme en 7 chants, par un ancien rapin. *Paris*, 1870, in-8, eaux-fortes, br.

Exemplaire sur papier de Chine. Tiré à 20 exemplaires. (N° 7.)

198. Les Tyrtéennes. *Paris*, *Alph. Lemerre*, 1871, in-12, eau-forte, pap. vél., br.

199. Chansons, Paroles et Musique de Fréd. Bérat. Illustrations par T. Johannot, Raffet, C. Nanteuil, etc., gravées par Jardin. *Paris*, *Chaillot*, *s. d.*, in-8, portr., dem.-v. v. — Chansons et autres poésies de P.-Daniel Same. *Paris*, *Claye*, *s. d.*, in-18, br. — Chansons de Gustave Nadaud. 3e édit. *Paris*, 1857, in-12, br.

200. Les Sociétés badines, bachiques, chantantes et littéraires, par Arthur Dinaux. Ouvrage revu et classé par M. Gustave Brunet. *Paris*, 1867, 2 vol. in-8, portr., br.

4. — THÉATRE

201. Histoire de la littérature dramatique, par Jules Janin. *Paris*, 1855-58, 6 vol. in-12, br.

202. Histoire philosophique et littéraire du théâtre français depuis son origine jusqu'à nos jours, par Hipp. Lucas. *Paris*, 1862, 3 vol. in-12, br.

203. Les Souvenirs et les Regrets d'un vieil artiste dramatique, ou Lettres d'un oncle à son neveu. *Paris*, *Leclère*

1864, in-8, pap. vergé, figures coloriées, broché dans un carton.

204. Princesses de comédie et Déesses d'opéra, par Arsène Houssaye. *Paris*, 1860, in-8, fig. dessinée et gravée par Léopold Flameng, br.

205. La Comédie au boudoir, par Maurice de Podestat. *Paris* 1868, in-12, eaux-fortes (7) et vign. (14), br.

206. De l'Origine des théâtres à Paris, par Paul Milliet. *Paris, Librairie des bibliophiles*, 1870, in-12, papier de Holl., eau-forte, br.

207. Foyers et Coulisses. Histoire anecdotique de tous les théâtres de Paris. *Paris, Tresse*, 1873, 11 vol. in-16, photogr., br.

208. Le Petit Almanach des grands spectacles de Paris. *Paris*, 1792, in-18, br.

209. Petits Mémoires de l'Opéra, par Charles de Boigne. *Paris*, 1857, in-12, br.

210. Histoire de l'Opéra, par Alphonse Royer. *Paris, Bachelin*, 1875, in-8, eaux-fortes sur chine (12), br.

211. La Musique à la Comédie française, par Jules Bonassies. *Paris*, 1874, gr. in-8, br.

212. Histoire du théâtre de Mme de Pompadour, dit théâtre les Petits-Cabinets, par Adolphe Jullien. Avec une eau-forte de Martial d'après Boucher. *Paris*, 1874, gr. in-8, br.

Tiré à 250 exemplaires.

213. Histoire des petits théâtres de Paris depuis leur origine, par Brazier. *Paris*, 1838, 2 tom. en 1 vol. in-18, dem.-rel.

214. Histoire des théâtres à quatre sous, pour faire suite à l'Histoire du théâtre français, par Debureau. 3e édit. *Paris*, 1833, 2 tom. en un vol. in-12, fig., dem.-ch. r.

215. L'Histoire par le théâtre (1789-1851), par Théodore Muret. *Paris*, 1865, 3 vol. in-12, br.

216. Les Secrets des coulisses des théâtres de Paris, par Joachim Duflot. Préface de Jules Noriac. *Paris*, 1865, in-12, broché.

217. Galerie historique des acteurs du Théâtre-Français depuis 1600 jusqu'à nos jours, par Lemazurier. *Paris*, 1810, 2 vol. in-8, dem.-v. v.

218. Galerie historique des portraits des comédiens de la troupe de Molière, gravés à l'eau-forte, sur des documents authentiques, avec des détails biographiques succincts relatifs à chacun d'eux, par Fréd. Hillemacher. *Lyon, impr. L. Perrin,* 1869, in-8, pap. vergé teinté, portr., br.

219. Histoire de la vie et des ouvrages de Molière, par J. Taschereau. 3e édit. *Paris*, 1844, in-12, br. — Les Amours de Molière, par H. de Lapommeraye. *Paris*, 1873, in-12, pap. vergé, br.

220. Molière, sa vie et ses œuvres, par Jules Claretie. *Paris, Lemerre*, 1873, in-12, papier Wathman, br.

Tiré à 20 exemplaires sur ce papier.

221. La Valise de Molière, comédie en un acte, en prose, avec des fragments peu connus attribués à Molière, par Edouard Fournier. *Paris*, 1868, in-12, papier vergé, dem.-maroq. bl., tr. sup. dor., n. r.

222. La Fameuse Comédienne, ou Histoire de la Guérin, auparavant femme et veuve de Molière, par Paul Lacroix. *Genève, Gay*, 1868, in-12, pap. vergé, br.

223. La Fameuse Comédienne, histoire de la Guérin, auparavant femme et veuve de Molière, par Jules Bonnassies. *Paris*, 1870, in-12, pap. vergé, portr., br.

224. Galerie historique et portraits des comédiens de la troupe de Voltaire et de la troupe de Talma, par E. de Manne. *Lyon, Scheuring*, 1861-1866, 2 vol. in-8, pap. de Holl., portr. gr. à l'eau-forte par Hillemacher, br.

225. Galerie historique des comédiens de la troupe de Talma. Notice sur les principaux sociétaires de la Comédie française, depuis 1789 jusqu'aux trente premières années de ce siècle, par E. de Manne, avec des portraits gravés à l'eau-forte par Fr. Hillemacher. *Lyon, impr. L. Perrin*, 1866, in-8, papier teinté, portr. et vign., br.

226. Galerie historique des comédiens de la troupe de Nicolet. Notice sur certains acteurs et mimes qui se sont fait un nom dans les annales des scènes secondaires, depuis 1760 jusqu'à nos jours, par de Manne et Ménétrier, avec des portr. gravés à l'eau-forte par Fr. Hillemacher. *Paris, impr. L. Perrin*, 1869, in-8, papier teinté, br.

227. Le Comédien, par Remond de Sainte-Albine. *Paris*, 1747, 2 part. en 1 vol. in-8, vign. de Gravelot, v. m.

Manque le titre de la deuxième partie.

228. Etudes dramatiques, les Valets au théâtre, par Ludovic Celler. *Paris*, 1875, in-12, br. — Etudes dramatiques, la Galanterie au théâtre, par le même. *Paris*, 1875, in-12, pap. vergé, br.

Tiré à petit nombre.

229. Histoire de la vie et des mœurs de Mlle Cronel, dite Fretillon, par Gaillard de La Bataille. *La Haye*, 1739, in-12, fig., dem.-v. f.

230. Souvenirs d'une actrice, par Louise Fusil. *Paris*, 1841, 2 vol. in-8, dem.-v. viol. — Odryana, ou la Boîte au gros sel, recueil complet des bons mots, saillies, etc., de M. Odry, artiste du théâtre des Variétés. *Paris*, 1825, in-18, figure, broché.

231. Ce que c'est qu'une actrice, par Fréd. de Reiffemberg. *Paris*, 1861, in-16, portr., br. — Les Femmes de théâtre, par Alphonse Lemonnier, avec préface et autographe de Mlle Léonide Leblanc. *Paris*, 1865, in-12, br.

232. Les Jolies Actrices de Paris, par Paul Mahalin. *Paris*, 1868, in-12, br. — Les Reines de la rampe, par L. de Montchamp et Ch. Mosont. *Paris*, 1863, in-12, dem.-mar. r.

233. Mémoires de Céleste Mogador. *Paris*, 1859, 4 vol. in-12, br.

234. Henri IV, drame lyrique, en trois actes, par de Rozoi. *Paris*, 1774. — La Réduction de Paris, drame lyrique, par le même. *Paris*, 1775. — Dissertation sur le drame lyrique, par le même. *La Haye*, 1775. — 3 ouvr. en 1 vol. in-8, front., fig., v. m.

235. L'Eunuque, ou la Fidelle Infidélité, parade en vaudevilles, mêlée de prose et de vers, par ***. (*A Montmartre*, 1750), *s. l. n. d.*, in-12, pap. vergé, br. — Alphonse dit l'Impuissant, tragédie en un acte. *A Origénie, chez Jean qui ne peut, au Grand-Eunuque*, 1740, in-12, pap. vergé, br. — Priape, opéra en musique, 1694, pièce attribuée à Blessebos. *S. l.*, 1868, in-12, pap vergé, br.

Réimpressions à petit nombre.

236. Parades inédites : Le Mariage sans curé. — La Guinguette. — Léandre étalon, par Collé. *Hambourg et Paris*, 1864, in-12, pap. vergé, br.

237. Théâtre des boulevards, ou Recueil de parades, par Fagon, Montcrif, Piron, Collé et autres. *A Mahon*, 1756, 3 vol. in-12, fig., v. m. (*Rare.*)

238. Théâtre de Beaumarchais, avec notice et notes, par Beauquier. *Paris, Lemerre*, 1872, 2 vol. in-16, br.

Le Mariage de Figaro. — Le Barbier de Séville.

239. La Folle Journée, ou le Mariage de Figaro, comédie, par de Beaumarchais. *Paris, Ruault*, 1785, in-8, vign. de Saint-Quentin (5), v. (*Exempl. fatig.*)

Edition originale.

240. Stockholm, Fontainebleau et Rome, trilogie dramatique, par Alex. Dumas. *Paris*, 1830, in-8, fig., cart. à la Bradel, n. r.

241. Souvenirs dramatiques, par Alexandre Dumas. *Paris*, 1868, 2 vol. in-12, br.

242. Théâtre complet d'Alexandre Dumas fils. *Paris*, 1868, 4 vol. in-12, dem.-v. rose.

243. Une Visite de noces, comédie, par Alexandre Dumas fils. *Paris*, 1872, in-12, br. — Mont-Joye, comédie en cinq actes, en prose, par Octave Feuillet. *Paris*, 1864, in-12, br.

244. Marion Delorme, drame en cinq actes et en vers, par Victor Hugo. 2e édition. *Paris, Eugène Renduel*, 1831, in-8, br.

245. Ruy-Blas, drame, par Victor Hugo. Nouvelle édition. *Paris*, 1843, in-8, dem.-v. ant.

246. La Reine d'Espagne, drame en cinq actes, représenté une seule fois sur le Théâtre-Français (5 novembre 1831), par H. de Latouche. *Paris*, 1831, in-8, br.

247. L'Univers et la Maison, comédie, par Méry. *Paris*, 1846, gr. in-8, cart.

248. Un Caprice, comédie en un acte, par Alfred de Musset. *Paris*, 1847, in-12, br.

249. Les Faux Ménages, par Pailleron. *Paris*, 1869, in-8,

br., n. c. — Les Vieux Garçons, comédie en cinq actes, en prose, par Victorien Sardou. *Paris*, 1865, in-12, br. — Patrie, drame, par Victorien Sardou. 3ᵉ édit. *Paris*, 1870, in-12, br.

250. Le More de Venise, Othello, tragédie, traduite de Shakespeare en vers français, par Alfred de Vigny. *Paris, Levavasseur et Urbain Canel*, 1830, in-8, dérel.

5. — ROMANS

251. Roman de la Violette, ou de Gérard de Nevers, en vers du XIIIᵉ siècle, par Gibert de Montreuil, publié par Fr. Michel. *Paris, Silvestre*, 1834, gr. in-8, papier vélin, fig., fac-simile, color., br.

252. Der Roman von Fierabras, Provenzalisch. Herausgegeben von Immanuel Bekker. *Berlin, G. Reimer*, 1829, in-4, pap. vergé, br.

Edition allemande de ce célèbre roman français.

253. Amadis de Gaule. Traduction libre par Tressan. *Paris*, 1787, 3 vol. in-8, fig. de Marillier, cart.

254. La Chronique de Gargantua. Premier texte du roman de Rabelais. Précédé d'une notice par Paul Lacroix. *Paris, Jouaust*, 1868, in-16, pap. de Holl., br.

Nº 2 du Cabinet du Bibliophile. Tiré à 280 exemplaires.

255. Histoire de Guzman d'Alfarache, par Lesage, nouvellement traduite et purgée des moralités superflues. *Maestricht*, 1777, 2 vol. in-12, fig., br., *non coupé*.

256. Le Diable amoureux. Nouvelle espagnole, par Cazotte. *Naples (Paris, Lejay)*, 1772, in-8, fig., demi-maroq. rou., dos et coins, tr. dor.

Edition recherchée, à cause des figures grotesques qui l'accompagnent et d'une curieuse préface satirique sur la mode, alors en vogue, d'éditer luxueusement les ouvrages même d'auteurs inconnus.

257. Le Décaméron françois, par d'Ussieux. *Paris*, 1783, 2 vol. gr. in-8, fig., cart., n. r.

258. Les Mille et une Faveurs, contes de cour, tirés de l'an-

cien gaulois, par la reine de Navarre (le chevalier de Mouhy). *Londres*, 1783, 5 vol. in-12, cart. à la Bradel, n. rog. (*Bel exemplaire.*)

259. La Vraye Histoire comique de Francion, par Ch. Sorel. *Leyde, Drummond*, 1686, 2 vol. in-12, fig., vél.

260. La Vraie Histoire comique de Francion, par Charles Sorel. Nouv. édit., publiée par E. Colombey. *Paris, Delahays*, 1858, in-12, fig., cart. percal., n. rog.

261. Mémoires du comte de Grammont, par M. le comte Ant. Hamilton. Nouv. édit., pub. par M. Horace Walpole. *Strawberry-Hill*, 1772, in-4, portraits, rel. cuir de Russie, tr. dor.

Sur l'histoire amoureuse de la cour d'Angleterre sous le règne de Charles II.

Cette édition, dit Brunet, « imprimée chez M. Walpole, n'a été tirée qu'à 100 exemplaires, et elle se trouve rarement dans le commerce. »

262. Mémoires du chevalier de Grammont, par le comte Hamilton. *Paris, Verdet, s. d.* (1826), 2 vol. in-32, pap. vél., fig. de Desenne sur papier de Chine, dem.-v. fauve, tr. supér. dor., n. rog.

263. Mémoires du comte de Grammont, par Ant. Hamilton. *Paris*, 1812, in-8, portr., dem.-v. r.

264. Le Masque de fer, ou les Avantures admirables du père et du fils, par le chev. de Mouhy. *La Haye, P. de Hondt*, 1750, 6 part. en 1 vol. in-12, tit. roug., v. m.

265. Histoire véritable. *A Bassora*, 1756, in-12, tit. r. et n., vign. au titre, br., n. c.

266. Sidney et Volsan, histoire anglaise, par Arnaud. *Paris, Lejay*, 1777, in-8, fig. et vign. d'après Eisen, br.

267. Les Egarements de Julie, par Perrin, avocat. *Londres, Cazin*, 1782, 2 vol. in-12, v. éc., fil., tr. dor.

268. Mémoires et Réflexions, par le comte de Caylus, suivis de l'histoire de Guillaume le Cocher. *Paris*, 1874, in-12, eau-forte, pap. vergé, br.

269. Mémoires de Jacques de Casanova de Seingalt, écrits par lui-même. *Paris*, 1843, 4 vol. in-12, br.

Edition originale, la seule complète.

269 *bis*. Mémoires de Jacques de Casanova, écrits par lui-même.

Edition complète. *Bruxelles*, *Rozez*, 1872, 6 vol. in-8, pap. de Holl., avec une suite de 48 gravures, br.

270. Histoire du chevalier des Grieux et de Manon Lescaut, par l'abbé Prévost. *Paris*, *Delarue*, *s. d.*, in-12, papier de chine, fig., dem.-maroq. rou., avec coins, tr. sup. dor., n. r.

271. Les Folies du siècle, roman philosophique, orné de sept caricatures, par Lourdoueix. *Paris*, 1817, in-8, dem.-reliure.

Dans le même volume : Guerre à qui la cherche, ou Petites Lettres sur quelques-uns de nos grands écrivains. *Paris*, 1818.

272. Œuvres de M. de Mérard Saint-Just *Paris*, *chez l'auteur*, 1782, in-18, dem.-mar. bl., n. r.

La Corbeille de fleurs. — Histoire de Girouette Ier. — L'Empire de Vénus. — Poésies, etc.
Rare. Tiré à petit nombre.

273. Reliquiæ, par J. G. Farcy. *Paris*, *Hachette*, 1831, in-18, portr., mar. viol., dent., tr. dor. (*Ottmann-Duplanil.*)

Première édition de ce romantique rare.

274. Primerose, par Morel de Vindé. *Paris*, *Didot*, in-32, fig., maroq. rou., fil., tr. dor. (*Cachet sur le titre.*)

274 *bis*. Voyages imaginaires, Songes, Visions et Romans merveilleux (recueillis par Garnier). *Paris*, 1787-89, 36 vol. — Histoire des naufrages, ou Recueil des relations les plus intéressantes des naufrages, etc., par M. D*** (de Perthes). *Paris*, an III, 3 vol. — Ens. 39 vol. in-8, jolies figures de Marillier, dent., chagr. rou., tr. peigne.

Bel exemplaire bien complet.

6. — ROMANS CONTEMPORAINS

275. Romans divers d'Amédée Achard. *Paris*, 1863-74, 9 vol. in-12, br.

276. Œuvres de Barbey d'Aurevilly. *Paris*, *Lemerre*, 1873-74, 3 vol. in-16, br.

277. Le Comte de Monte-Christo, par Alexandre Dumas, illustré par G. Staal, J.-A. Beaucé, etc. *Paris*, 1860, 6 part. en 1 vol. gr. in-8, dem.-v. rose.

278. Dumas fils (Alexandre). Péchés de jeunesse. *Paris*, 1874,

in-8, br. — Affaire Clémenceau, mémoire de l'accusé. *Paris*, 1866, in-8, br. — Au lit de mort. *Paris*, 1867, in-8, br.

279. Feuillet (Octave). Scènes et Proverbes. *Paris*, 1861, in-12, br. — Scènes et Comédies. *Paris*, 1863, in-12, br.— Monsieur de Camors. *Paris*, 1868, in-12, br.

280. Romans divers de Paul Féval. *Paris*, 1865-73, 11 vol. in-12, br.

281. Madame Bovary, par Gustave Flaubert. *Paris*, *Alph. Lemerre*, 1874, 2 vol. in-12, gr. papier de Hollande, br., n. c.

Tiré à 25 exemplaires sur ce papier. N° 9.

282. L'Education sentimentale, histoire d'un jeune homme, par Gustave Flaubert. *Paris*, 1870, 2 vol. in-8, br. — La Tentation de saint Antoine, par le même. *Paris*, 1874, in-8, br. (*Première édition.*)

283. Œuvres de Théophile Gautier. *Paris*, 1872-74, 9 vol. in-12, br.

Théâtre. — Tableaux de siége. — Voyage en Espagne. — Mademoiselle de Maupin. — Le Roman de la Momie. — Premières poésies (1830-45).

284. Le Capitaine Fracasse, par Théophile Gautier. Illustré de 60 dessins de Gustave Doré. *Paris*, 1866, gr. in-8, br.

285. Le Supplice d'une femme, drame en trois actes, par Émile de Girardin. *Paris*, 1865, in-8, br. — Les Trois Amants, pièce, par le même. *Paris*, 1873, in-8, br.

286. René Mauperin, sœur Philomène, par de Goncourt. *Paris*, *Lemerre*, 1876, 2 vol. in-16, br.

287. Les Mains pleines de roses, pleines d'or et pleines de sang, par Arsène Houssaye. *Paris*, 1874, in-8, br.

288. Hugo (Charles). La Bohème dorée. 1859, 2 vol. in-12, br. — Le Cochon de saint Antoine. 1865, in-12, br. — La Chaise de paille. 1859, in-12, br.

289. Les Misérables, par Victor Hugo. Illustrés de deux cents dessins par Briou, gravures de Yon et Perrichon. *Paris*, 1865, gr. in-8, dem.-chagr. rou., et suite de 24 figures photographiées.

290. Quatre-vingt-treize, par Victor Hugo. *Paris*, *Michel Lévy*, 1874, 3 vol. in-8, br.

291. L'Homme qui rit, par Victor Hugo. *Paris*, 1869, 4 vol. in-8, br.

292. Clarisse Harlow, par Jules Janin. *Paris*, 1846, 2 vol. in-12, br.

293. La Dame à l'œillet rouge, roman nouveau, par Jules Janin. *Paris*, *s. d.*, gr. in-8, pap. teinté, joli portrait, br.

Tiré à petit nombre.

294. Les Vignes du Seigneur, par Ch. Monselet. *Paris*, 1854, in-18, dem.-chag. rou., n. rog.

Exemplaire avec une note autographe de l'auteur, relative à l'impression de cet ouvrage.

295. Malot (Hector). Madame Obernin.— Une Bonne Affaire. — Un Beau-Frère. — Un Mariage sous le second Empire. — La Belle madame Dionis. *Paris*, 1870-74, ens. 5 vol. in-12, br.

296. Mérimée (Prosper). Les Cosaques d'autrefois.—Nouvelles. — Dernières Nouvelles. *Paris*, 1865-74, 3 vol. in-12, dem.-v. f.

297. La Chambre bleue, par Prosper Mérimée. Nouvelle dédiée à Mme de La Rhune. *Bruxelles*, 1872, in-8, br.

Tiré à petit nombre.

298. Romans de Xavier de Montépin. *Paris*, 1873-74, 9 vol. in-8, fig., br.

Le Mari de Marguerite. — La Comtesse de Nancey. — L'Amant d'Alice. — Les Confessions de Tallia. — La Voyante. — Le Condamné. — L'Agence Rodille. — L'Héritier.

299. Napoléon Potard, par A. de Pontmartin. *Paris*, 1848, in-8, dem.-bas. (*Lettre autographe de l'auteur.*)

300. Une Conversion, par G. de Raousset-Boulbon. *Paris*, 1855, 2 vol. in-8, br.

Exemplaire auquel on a ajouté l'affiche de publication, illustrée par Gustave Doré.

301. Le Salmigondis, contes de toutes les couleurs. *Paris*, 1849, in-8, cart., non rog.

Ce volume contient : Le Collier de perles. — Lorenzino de Médicis. — La Rose rouge, par A. Dumas. — L'Anneau, par Félix Pyat. — La Vengeance d'une femme, par la duchesse d'Abrantès, etc.

302. Le Juif errant, par Eugène Süe. *Paris*, 1845, 4 tomes en 2 vol. gr. in-8, illustrations de Gavarni, dem.-chagr. bl.

303. Les Mystères du peuple, ou Histoire d'une famille de

prolétaires à travers les âges, par Eugène Süe. *Bruxelles*, 1864, 12 vol. in-8, br.

304. Les Rougon-Macquart. Histoire naturelle et sociale d'une famille sous le second Empire, par Emile Zola. *Paris*, 1872, 3 vol. in-12, br.

305. Mémoires d'une biche anglaise. Avec un portrait photographié de l'héroïne des Mémoires. *Paris*, 1864, in-12, br. — Une autre biche anglaise, histoire authentique d'Anonyma. *Paris*, 1865, in-12, br. — Mémoires d'une biche russe, racontés par elle-même. *Paris*, 1866, in-12, br.

306. Sous ce numéro, il sera vendu plusieurs lots de bons romans.

7. — CONTES

307. Contes de Boccace. Traduction de Sabatier de Castres. Illustrations de MM. Tony Johannot, Célestin Nanteuil, Granville, Pauquet et autres. *Paris*, 1869, gr. in-8, dos et coins de chagr. rou., tr. sup. dor., n. rog.

308. Les Dix Journées de Jean Boccace. *Paris*, *Jouaust*, 1874, 10 fasc. in-16, papier vergé, eaux-fortes de Léopold Flameng, br.

309. Contes de Boccace. Traduits par A. Sabatier de Castres. *Paris, s. d.*, in-12, br. — L'Heptaméron des nouvelles de Marguerite d'Angoulême. Nouv. édit., publiée par P.-L. Jacob. *Paris*, 1860, in-12, br.

310. Marguerite d'Angoulême. L'Heptaméron des nouvelles. Nouv. édit., publiée par P.-L. Jacob, bibliophile. *Paris*, 1858, in-12, dem.-ch. orange.

311. L'Heptaméron de la reine de Navarre. *Paris*, *Jouaust*, 1870, 8 fasc. pet. in-8, pap. de Holl., jolies figures à l'eau-forte de Flameng, brochés.

312. Les Cent Nouvelles nouvelles. Suivent les cent nouvelles contenant les cent histoires nouveaux qui sont moult plaisants à raconter en toutes bonnes compagnies, par manière de joyeuseté. *La Haye*, 1733, 2 vol. in-12, v. porph., fil., tr. dor.

313. Les Cent Nouvelles nouvelles, pub. par M. Paul La-

croix. *Paris*, *Jouaust*, 1874, 10 fasc. in-16, pap. de Holl., eaux-fortes de Garnier, br.

314. Contes inédits des Mille et une Nuits, trad. de l'arabe par de Hammer. *Paris*, 1828, 3 vol. in-8, figures, dem.-v.

315. Le Sopha, conte moral, par Crébillon fils. *Pekin*, 1000 700 60 14, in-12, frontisp. gr., dem.-v. fauve, tr. supér. dor., n. rog.

316. Recueil des meilleurs contes en vers de Passerat, Sénecé, Perrault, La Monnoye, du Cerceau, Grécourt, Moncrif, Piron et autres. *Genève* et *Paris*, *Delalain*, 1774, 2 part. en 1 vol. in-8, vignettes et culs-de-lampe d'Eisen gr. par de Ghendt, dem.-rel.

317. Contes théologiques, suivis des litanies des catholiques du xviiie siècle et de poésies érotico-philosophiques, ou recueil presque édifiant. *Paris*, *imprimerie de la Sorbonne*, 1783, in-8, v. fauve, fil., n. rog. (*Niédrée.*)

On trouve dans ce recueil des vers de Crébillon père, de Poinsinet, de Voltaire, de Boufflers, de G. Garnier, de du Basca, etc.

318. Œuvres de Félix Nogaret. *Versailles*, 1797, 2 vol. in-12, fig., dos et coins mar. citron, tr. sup. dor., n. r.

319. Contes en vers extraits des manuscrits du R. P. Grisbourdin, cordelier, publiés par Alf. de Corval. *Paris*, 1868, in-12, br.

320. Contes, nouvelles, anecdotes, mémoires, etc. Mélanges amusants. *Paris*, 1819, 2 vol. in-8, dem.-v. f.

321. Les Contes rémois, par le comte Louis de Chevigné. 4e édit. *Paris*, 1861, in-12, fig., br.

8. — SUR LES FEMMES

322. Les Femmes dans les temps anciens, par Jules Baissac. *Leipsig*, 1857, in-18, br. — Les Courtisanes grecques, par Emile Deschanel, avec une préface de Jules Janin. *Paris*, 1859, in-18, br. — Les Femmes des Césars, par Benjamin Gastineau. *Paris*, 1863, in-12, br.

323. Les Belles Grecques, ou l'Histoire des plus fameuses courtisanes de la Grèce, par madame Durand. *Amst.*, 1715, in-12, front., cart., n. rogn. (*Piqûres d'humidité.*)

324\. Les Femmes et la Société au temps d'Auguste, par H. Blaze de Bury. *Paris, Didier*, 1875, in-8, br., n. c.

325\. Rome galante, ou Histoire secrète sous les règnes de Jules César et d'Auguste, par le chevalier de Mailly. *Paris*, 1696, 2 tomes en 1 vol. in-12, portr., vél. (*Rare.*)

326\. Les Impératrices romaines, ou Histoire de la vie et des intrigues secrètes des femmes des douze Césars, par M. de Serviez. *Paris*, 1758, 3 vol. in-12, dem.-v.

327\. Mémoires de Brantôme, contenant les vies des dames galantes de son temps. (*La sphère*), *Leyde, Jean Sambix*, 1699, 2 vol. pet. in-12, v. gr.

328\. Les Galanteries des rois de France, par Vanel. *Cologne, P. Marteau*, 1752, 2 tomes en 1 vol. pet. in-12, dem.-v. fauve, n. rog.

329\. Mémoires de la vie du comte de Grammont, contenant particulièrement l'histoire amoureuse de la cour d'Angleterre sous le règne de Charles II, par Hamilton. *Cologne, P. Marteau*, 1713, in-12, v. br. (*Exempl. fatig.*)

Première édition.

330\. La Cour et la Ville de Madrid vers la fin du XVIIe siècle, relation du voyage d'Espagne, par la comtesse d'Aulnoy. Edit. nouv., revue et annotée par madame B. Carrey. *Paris*, 1874, in-8, br., n. c.

331\. La France galante, ou Histoires amoureuses de la cour sous le règne de Louis XIV. *Cologne, P. Marteau, s. d.*, 2 tomes en 4 part. in-12, figures, v. fauve.

332\. Amours des dames illustres de France sous le règne de Louis XIV. *Cologne, P. Marteau, s. d.*, 2 tomes en 4 part. pet. in-12, figures, v. f.

333\. Les Cours galantes, par Gust. Desnoiresterres. *Paris*, 1860-64, 4 vol. in-12, br.

334\. Histoire amoureuse des Gaules, par Bussy-Rabutin, revue et annotée par M. Paul Boiteau. *Paris, Jouaust*, 1866, 3 vol. in-12, pap. vergé, percal. rou., n. rog.

335\. Le Génie des femmes, ou Influence qu'elles exercent sur la civilisation et sur la vie industrielle, avec un examen historique, critique et littéraire des femmes célèbres aux diverses époques de l'histoire, par A.-H. Cellier du Fayel. *Paris*, 1844-46, 3 vol. in-8, fig., dem.-rel.

336. Histoire philosophique et médicale de la femme, par le docteur Menville de Ponsan. *Paris*, 1858, 3 vol. in-8, br.

337. L'Héroïne mousquetaire, ou Histoire véritable de mademoiselle Christine, comtesse de Meyrac, par Préchac. *Paris, chez Claude Barbin*, 1679, 4 part. en 1 vol. pet. in-12, bas. (*Noms sur le titre.*)

338. Il libro del Perché, la pastorella del Marino, la novella del' Angelo Gabriello, et la puttana errante di Pietro Aretino. *A Pé-King, regnante Kien-Long, nel* XVII *secolo*, in-12, br.

339. Le Congrès de Citère, par Algarotti. *A Citère, de l'imprimerie d'Ovide*, 1749. — L'Apothéose du beau sexe. *Londres*, 1741. — 2 ouvr. en 1 vol. in-12, figure, v. gr.

340. Anti-Paméla, ou Mémoires de M. D*** (traduits de l'anglais ou plutôt composés par Villaret). *Londres* (*Paris*), 1742, in-12, br.

341. Le Tableau des piperies des femmes mondaines, où, par plusieurs histoires, se voyent les ruses et artifices dont elles se servent. *Cologne, P. du Marteau*, 1686, in-12, pap. vergé, br. (*Réimpression.*)

342. Les Femmes de la cour des derniers Valois, par Imbert de Saint-Amand. *Paris*, 1871, in-12, br. — Portraits de femmes françaises du XVIIIe siècle et du XIXe siècle. *Paris*, 1869, in-12, br. — La Comtesse de Rochefort et ses Amis, par Louis de Loménie. *Paris*, 1870, in-8, br.

343. L'Isle de France, ou la Nouvelle Colonie de Vénus, par Thomas. *Cologne, P. Marteau*, 1758, in-12, front., dér.

344. L'Assemblée de Cythère, de M. Algarotti. Trad. en françois. *S. l.*, 1758, in-12, cart.

345. La Femme au XVIIIe siècle, par Edm. et J. de Goncourt. *Paris, Didot*, 1862, in-8, br. — En 18.., par le même. *Paris*, 1851, in-12, br. (*Avec une lettre autogr. de J. de Goncourt.*)

346. L'Amour au XVIIIe siècle, par Edm. et J. de Goncourt. *Paris*, 1875, in-12, eau-forte, texte encad., vignette et cul-de-lampe de Boilvin, br.

Exemplaire sur papier Wathman, tiré à petit nombre.

347. Histoire de la société française pendant le Directoire, par de Goncourt. *Paris*, 1864, in-12, br. — Les Galanteries du XVIIIe siècle, par Charles Monselet. *Paris*, 1862, in-12, br.

348. Houssaye (Arsène). Galerie du XVIIIe siècle, 1858. 5 vol. — Lucie, histoire d'une fille perdue. — Les Femmes du diable. — Tragique Aventure de bal masqué. — Le Roman des femmes qui ont aimé. — La belle Rafaella. *Paris*, 1874. — Ensemble 10 vol. in-12, br.

349. Les Femmes de la Régence, par Paul de Musset. *Paris*, 1841, 2 vol. in-8, dem.-rel.

Exemplaire donné par Paul de Musset à Roger de Beauvoir.

350. Lord Biron, histoire d'un homme, par de Lescure, 1788-1824. *Paris*, 1866, in-12, eau-forte, br. — Les Maîtresses du Régent, études d'histoire et de mœurs. *Paris*, 1860, in-12, br. — Les Confessions de l'abbesse de Chelles, fille du Régent. *Paris*, 1863, in-12, portr., br.

351. Brevet d'apprentissage d'une fille de modes. *A Amatonte*, 1769. — Les Ambulantes à la brune contre la dureté du tems. *A la Chine*, 1769. — Le Tabac. Epître. *A Genève*, 1769, fig. — Le Rabat-Joie. *Amst.*, 1769. — Les Coeffeurs de dames contre ceux des messieurs. *Paris*, 1769. — Les Dames angloises francisées par les soins d'un abbé. *Londres*, 1769. — Etrennes à la capitale. 1770. — Complainte des filles auxquelles on vient d'interdire l'entrée des Thuilleries à la brune. *S. l. n. d.* — Ensemble 8 pièces en 1 vol. in-8, dem.-v. f.

352. La Jolie Femme, ou la Femme du jour, par Barthe. *Berlin*, 1770, 2 tomes en 1 vol. in-12, titres gravés, cart. à la Bradel.

353. L'Eloge des T....., ouvrage curieux, galant et badin, composé pour le divertissement des dames. 2e édit. *Cologne, à l'Enclume de la Vérité*, 1775, in-8, v. rac.

354. L'Art de rendre les femmes fidelles. 3e édit. *Genève* et *Paris*, 1783, 2 vol. in-12, v. f., fil., tr. dor.

355. Petit Traité de l'amour des femmes pour les sots. *A Bagatelle*, 1788. — Petit Commentaire sur la petite brochure : Petit Traité, etc. *A Bagatelle*, 1788. — Ensemble 2 pièces en 1 vol. in-8, dem.-v. f.

356\. Recueil de pièces sur les femmes pendant la Révolution, 1789-1829. Ensemble 30 broch. en 2 vol. in-8, br.

Griefs des femmes mal mariées. — Confédération des Jacobines. — Réclamation des poissardes. — Les Dames de la halle de Paris. — Récit des dames du marché Saint-Martin. — Tyrannie des hommes contre les femmes, etc.
Curieux recueil.

357\. Les Femmes célèbres de 1789 à 1795, et leur influence dans la Révolution, par E. Lairtullier. *Paris*, 1840, 2 vol. in-8, br.

358\. Récit exact de ce qui s'est passé à la séance de la Société des observateurs de la femme, le mardi 2 novembre 1802, par l'auteur de Raison, Folie, etc. (M. Lemontey). *Paris*, 1803, in-18, bas.

359\. Wachenhusen. Die Frauen des Kaiserreichs. Pariser Gesellschaftz-Skizzen. *Berlin*, *s. d.*, in-12, br.

Curieuse étude sur les femmes du troisième Empire.

360\. Les Femmes, leur passé, leur présent, leur avenir, par J. de Marchef-Girard, avec une lettre de M. de Lamartine. *Paris*, 1860, in-8, br.

361\. Des Femmes, par une femme (comtesse Dora d'Istria). *Paris*, 1865, 2 vol. in-8, br. — Histoire des vierges, par Louis Jacolliot. *Paris*, 1874, in-8, br.

362\. Merlet (Gustave). Causeries sur les femmes et les livres. *Paris*, 1865. — Portraits d'hier et d'aujourd'hui, attiques et humoristiques. *Paris*, 1863. — Le Réalisme et la Fantaisie dans la littérature. *Paris*, 1861. — Ensemble 3 vol. in-12, dem.-chagr. rou.

363\. Les Maîtresses à Paris, par Léon Gozlan, suivi de : les Veuves du Diable, par E. Guinot. *Paris*, 1858, in-18, br. — Les Belles Pécheresses, par Amédée de Cesena. *Paris*, 1865, in-12, portr., br. — Une Courtisane au XIXe siècle. Etude de mœurs, par Henri Bernard. *Paris*, 1865, in-12, br.

364\. L'Homme-Femme, par Alexandre Dumas fils. *Paris*, 1872, in-8, br.

9. — SUR L'AMOUR

365. Histoire de la prostitution chez tous les peuples du monde, depuis l'antiquité la plus reculée jusqu'à nos jours, par Pierre Dufour. *Paris*, 1851, 6 tomes en 3 vol. in-8, figures, dem.-v. ant. avec coins.

Exemplaire du marquis de Morante.

366. De la Prostitution en Europe, depuis l'antiquité jusqu'à la fin du XVIe siècle, par Rabutaux, avec une bibliographie par P. Lacroix. *Paris*, 1821, in-4, figures, dem.-chagr. rou. av. coins, tr. supér. dor., n. rog.

367. Arabesques mythologiques, ou les Attributs de toutes les divinités de la Fable, par Mme de Genlis. *Paris*, 1810, in-8, pap. vél., figures coloriées, cart., n. rog.

368. Dissertation sur les attributs de Vénus, par l'abbé de La Chau. *Paris*, *Prault*, 1776, in-4, jolie fig. de Saint-Aubin, dem.-chagr. rou.

369. Des Divinités génératrices, ou du Culte du Phallus chez les anciens et les modernes, par Dulaure. *Paris*, 1805, in-8, dem.-v. ant.

370. Les Amours pastorales de Daphnis et Chloé. *Genève* (*Cazin*), 1777, in-32, fig., v. m.

371. Les Amours pastorales de Daphnis et de Chloé, trad. par Jacques Amyot, en 1559, suivies de la traduction revue par P.-L. Courier. Précédées d'une notice par Etienne Charavay. *Paris, Alph. Lemerre*, 1872, in-12, pap. vergé, eau-forte, br.

372. Documents pour servir à l'histoire de nos mœurs, publiés par Lorédan Larchey. *Paris, s. d.*, 12 vol. pet. in-32, pap. vergé, br.

Tiré à petit nombre.

373. La prima (e seconda) parte del Ragionamento di Pietro Aretino. *Stampata nella nobil citta di Bengodi, nel' Italia altre volte piu Felice, il viggesimo primo d'ottobre* 1584, 2 vol. pet. in-8, v.

374. Aminta favola boschereccia, di Torquato Tasso. *Parigi, Didot*, 1800, in-12, figure de Prudhon *avant la lettre*, pap. vél., dem.-v. r.

375. Novelle galanti, di G.-B. Casti. *Amsterdam*, 1804, 6 vol. in-12, fig. et vign., bas., fil.

376. Comus, ou Banquet dissolu des Cimmeriens. Songe, trad. du latin d'Erycius Puteanus, par Nic. Pelloquin. *Paris*, 1613, in-12, v. f.

377. Erotopægnion sive Priapeia veterum et recentiorum. *Lutet.-Parisiorum, apud Patris*, 1798, in-12, v. porphy., tr. dor.

378. Curiositates eroticæ physiologiæ or tabooed subjects freely treated in six essays, viz.: 1, generatio ; 2, chastity and modesty ; 3, mariage ; 4, circumcision ; 5, eunuchism ; 6, hermaphrodism, and followed by a closing essay on death by John Davenport. *London*, 1875, pet. in-4, dem.-bas. v., tr. supér. dor., n. rog. (*Rel. angl.*)

379. Cent cinq rondeaulx d'amour, publiés d'après un manuscrit du commencement du XVIe siècle, par Edwin Tross. *Paris*, 1863, in-12, dem.-maroq. bl. avec coins, tr. supér. dor., n. rog.

L'un des 20 exemplaires sur papier Wathman.

380. Les Anecdotes de Florence, ou l'Histoire secrète de la maison de Médicis, par de Varillas. *La Haye*, 1685, in-12, mar.

381. Semelion, histoire véritable, par le marquis de Belle-Isle. *Imprimé à Constantinople, cette année présente, s. d.*, (1700), 2 parties en un vol. in-12, cart.

382. Histoires françoises galantes et comiques. *Amst.*, 1710, pet. in-8, fig., v. (*Exempl. fatig.*)

383. Recueil de pièces galantes, en prose et en vers, de la comtesse de La Suze et de Pelisson. *Trévoux*, 1725, 4 vol. in-12, v. m., fil., tr. dor.

Bel exemplaire.

384. Les Aventures du baron de Fœneste, par Th. Agrippa d'Aubigné. *Amsterdam*, 1731, 2 tomes en 1 vol. in-12, v. m.

Edition avec les notes de Le Duchat.

385. Mémoires et Avantures d'un homme de qualité qui s'est retiré du monde, par l'abbé Prevost. *Paris*, 1732, 8 tom. en 7 vol. in-12, v. m.

386. Histoire de Manon Lescaut et du chevalier des Grieux, par l'abbé Prevost, avec une notice sur l'auteur par J. Janin. *Paris*, *s. d.*, gr. in-8, fig. sur chine de Tony Johannot, br.

387. Histoire du chevalier des Grieux et de Manon Lescaut, par l'abbé Prévost. *Paris*, *Lemerre*, 1870, in-16, frontisp. de Braquemond, br.

388. Histoire du chevalier des Grieux et de Manon Lescaut, bibliographie et notes, pour servir à l'histoire du livre, par Henri Harisse. *Paris*, 1875, in-8, pap. vergé de Holl., br.

Tiré à 127 exemplaires.

389. La Retraite de la marquise de Gozanne, contenant diverses histoires galantes et véritables. *Amst.*, *aux dépens de la Comp.*, 1735, in-12, dos et coins de maroq. roug. du Levant, dos orné, fil., non rogné.

390. Recueil de ces messieurs, par le comte de Caylus, Maurepas, Duclos et autres. *Amst.* (*Paris*), 1745, in-12, v.

391. Elegantiæ latini sermonis seu Aloisia sigæ toletana de arcanis amoris et veneris adjunctis fragmentis quibusdam eroticis, per Joannem Meursium. *Lugd. Batavorum*, *Elzev.* (*Paris*, *Barbou*), 1757, 2 part. en 1 vol. pet. in-8, joli frontisp. gr., v. m., fil., tr. dor.

392. Voyage et Description du temple de Cythère, suivi du Rien de trop et du Ranné et de Mascaves. *Cythère*, *chez Cupidon*, *libraire des Amours*, 1752, 2 part. en 1 vol. in-12, dem.-rel. , dos et coins de mar. citr., tr. dor. (*Belz-Niédrée.*)

Bel exemplaire de ce curieux roman.

393. Le Joujou des demoiselles. *A Londres*, *chez Jean-Nicaise Le Plat*, 1753, in-8, cart.

394. Les Bijoux indiscrets, par Diderot. *Au Monomotapa*, *s. d.*, 2 tomes en 1 vol. in-12, figures, v. m. (*Edit. orig.*)

395. Lettres de deux amants, habitants d'une petite ville au pied des Alpes, par J.-J. Rousseau. Nouv. édit. *Amst.*, *Rey*, 1763, 3 vol. in-12, fig. de Gravelot, v. br.

396. Julie, ou la Nouvelle Héloïse. Lettres de deux amants,

par J.-J. Rousseau. *Paris, Garnier*, 1873, in-12, fig., dem.-v. bl.

397. Mémoires historiques et galans de l'Académie de ces dames et de ces messieurs. *Amst. et Paris*, 1776, 2 tom. en 1 vol. in-12, bas.

Ouvrage rédigé par Ant.-Marie Dantu.

398. La Nymphomanie, ou Traité de la fureur utérine, par M.-D.-T. de Bienville. *Amst.*, 1778, in-12, br. (*Rare.*)

399. La Chronique scandaleuse, ou Mémoires pour servir à l'histoire des mœurs de la génération présente, par Guillaume Imbert. *A Paris, dans un coin d'où l'on voit tout*, 1783, 5 vol. in-12, br., rog. (*Le tome 5 est non rogné.*)

400. L'Aretin moderne, par Dulaurens. *A Rome, aux dépens de la Congrégation de l'Index*, 1783, 2 vol. in-12, dem.-chagr. rou., tr. supér. dor., n. rog.

401. Dictionnaire portatif, contenant les anecdotes historiques de l'amour, depuis le commencement du monde jusqu'à ce jour. *Paris*, 1788, 2 forts vol. in-8, br.

402. Doléances des femmes publiques. *S. l. n. d.*, in-8, 8 p. — Lettre de ces dames à M. Necker, suivie de doléances très-graves. *S. l. n. d.*, 11 p., br. — Requête des femmes pour leur admission aux États généraux, à messieurs composant l'Assemblée des notables. *S. l. n. d.*, 16 p. — Ensemble 3 pièces in-8, br.

403. Dictionnaire d'amour. *Paris*, 1808, in-12, fig. color., cart. — Code de l'amour, suivi du Code pénal de l'amour, rédigé par H. de Molière. *Paris*, 1829, in-18, fig., dem.-rel.

404. Dictionnaire d'amour, par Sylvain Maréchal. *Paris*, 1788, in-18, front. gr., v. m. — De l'Amour selon les lois primordiales et selon les convenances des sociétés modernes, par de Senancour. 3e édit. *Paris*, 1829, in-12, br.

405. Dictionnaire d'amour, par le chevalier de Propiac. *Paris*, 1820, in-12, front. gr., br. — Code de l'amour, suivi du Code pénal de l'amour, par H. de Molière. *Paris*, 1829, in-18, fig., dem.-ch. r.

406. La Petite Poste des amoureux. Nouveau secrétaire galant, par Grévin. Illustré de 150 dessins. *Paris, s. d.*, in-12, pap. de Hollande, br.

407. Singularités physiologiques. *Paris*, 1865, 2 vol. in-16, pap. de Holl., br.

Lucina sine concubitu, ou la Génération solitaire, par Abraham Johnson. — L'Homme-machine, par La Mettrie.

408. Aventures de l'abbé de Choisy habillé en femme. Nouv. édit., avec un avant-propos par M. Paul Lacroix. *Paris*, 1870, in-12, br.

408 *bis*. De la Collection Gay. *Genève*, 1867-69, 5 vol. in-12, br.

Tiré à 100 exemplaires.

Les Victoires des femmes du nouveau monde. — Amours de Barnabas. — Discours contre les femmes. — Le Couvre-sein féminin. — Remontrance aux dames. — Les Chats.

10. — SUR LE MARIAGE

409. Paris marié, philosophie de la vie conjugale, par H. de Balzac, commentée par Garvarni. *Paris, J. Hetzel*, 1846, in-12, illustré, pap. vél., dem.-rel.

410. Discussion si la polygamie est contre la loi naturelle ou divine, par le comte Louis de Rantzow. *Saint-Pétersbourg*, 1774, in-12, dem.-v. v. (*Rare*.)

411. Traité des eunuques, par Ch. Ancillon. *Imprimé l'an* 1705, in-12, br. (*Rare*.)

412. Les Priviléges du cocuage, ouvrage nécessaire tant aux cornards actuels qu'aux cocus en herbe. *A V...., chez Jean Cornichon*, 1722, in-12, frontisp., v. f.

413. Almanach des cocus, ou Amusements pour le beau sexe, pour l'année 1741. *A Constantinople*, 1741, in-18, fig., v. gr.

414. Le Monde des cornuz, où, par discours plaisans et agréables, est amplement traitté de l'origine des cornes, espèces et effectz d'icelles; et enfin demonstré si la femme deshonneste peut faire deshonneur à l'homme que l'on dit les porter. Composé en faveur des susdits, par F. C. T. (Avec la comédie de l'Avare cornu, en cinq actes et en vers.) *S. l. n. d.* (vers 1580), in-8, 264 pages, sign. A-R, gravure sur bois au titre, v. fil. (*Rel. du temps*.)

Facéties en forme de dialogues. Elles forment la 2e partie des Mondes de Doni.

415. Discursus duo philologico-juridici, prior de Cornutis, posterior de Hermaphroditis, eorumque jure, uterq.; ex jure divino, canonico, civili... per Jac. Mollerum. *Francofurti*, 1692, in-4, v. br.

416. Dissertation étymologique, historique et critique sur les diverses origines du mot Cocu, avec des notes et pièces justificatives, par un membre de l'Académie de Blois. *Blois*, MVIIICXXXV, in-18, pap. jaune, br.

Réimpression à petit nombre.

417. Recueil general des caquets de l'accouchée. *Imprimé au temps de ne se plus fascher*, 1625, in-18, grand papier vergé, front. gravé, dem.-maroq. r. du Levant, avec coins, tr. sup. dor., n. r. (*Capé.*)

Réimpression faite à Metz, en 1846, et tirée à petit nombre.

418. Les Elégies de la belle fille, lamentant sa virginité perdue, par Ferry Julyot. Réimpression complète, publiée d'après l'édition originale de 1557, avec notice, éclaircissements et index. *Paris, L. Willem*, 1873, in-8, pap. de Holl., vign. sur bois, br.

11. — FACÉTIES

419. Les Songes drôlatiques de Pantagruel, où sont contenues plusieurs figures de maistre François Rabelais, et dernière œuvre d'icelluy pour la récréation des bons esprits. *Genève*, 1868, in-8, pap. vergé, br.

Edition publiée par M. Paul Lacroix.

420. Recueil de farces, soties et moralités du XVe siècle. Réunies pour la première fois et publiées avec notes, par P.-L. Jacob. *Paris*, 1859, in-12, dem.-ch. v.

421. La Vie et Trespassement de Caillette. *Paris*, 1831, pièce in-8 goth., pap. de Holl., br.

Réimpression faite par G. Veinant et tirée à 42 exemplaires.

422. L'Enfer de la mer Cardine, traitant de la cruelle et terrible bataille qui fut aux enfers, entre les diables et les maquerelles de Paris. *S. l.*, MDXCVII, gr. in-8, dos et coins mar. r.

Réimpression, tirée à petit nombre.
Exemplaire du comte H. de La Bédoyère.

423. Pièces désopilantes, recueillies pour l'esbatement de quelques pantagruélistes. *Paris*, 1866, in-12, pap. vergé, broché.

424. Recueil de pièces rares et facétieuses, anciennes et modernes, en vers et en prose, remises en lumière pour l'esbattement des pantagruélistes, avec le concours d'un bibliophile. *Paris, Jouaust*, 1873, 4 vol. in-8, pap. vergé, fig., brochés.

425. Traité des eunuques, par D*** (Ancillon). *Imprimé l'an* 1707, in-12, dos et coins maroq. or., tr. sup. dor., n. r.

426. L'Origine des puces. *A Londres*, 1749, in-18, texte gravé, vign., maroq. rou., fil., tr. dor. (*Anc. rel.*)

Rare.

427. Le Véritable Almanach nouveau, journalier, historique et prophétique, de Pierre L'Arrivay, pour l'année de grâce 1759. Où l'on a inséré la suite du procès des bêtes. *Marseille, chez Claude Garcin, impr.-libr.*, in-32, dem.-m. (*Le titre est écorné.*)

428. Le Moyen de parvenir, par Beroalde de Verville. Nouv. édit. *A* ***, 1757, 2 vol. in-12, v. m.

429. Le Moyen de parvenir, par Beroalde de Verville. *Londres*, 1786, 3 vol. in-16, dos et coins de mar. Lavall.

430. La Berlue, par Poinsinet de Sivry. *Londres*, 1759, in-12, br.

431. Le Joli Recueil, ou Histoire de la querelle littéraire, où les auteurs s'amusent en amusant le public. *Genève*, 1760, 2 part. en 1 vol. in-12, v. m., fil.

Ce recueil facétieux renferme : Le Plaidoyer de Ramponeau. — Grenouilles muettes. — Le Saint Yvrogne, etc.

432. Histoire d'un pou français, ou l'Espion d'une nouvelle espèce, tant en France qu'en Angleterre, par ***. *Paris*, 1781, in-8, dérel., br.

433. Finissez-en donc, cher père. Entrevue de Hyacinthe la Bégueule, poissarde et marchande de bagatelle du marché de la place Maubert, avec le roi, la reine et les principaux de l'Etat. *Paris, s. d.* (vers 1791), livraisons 1 et 2, en 1 vol. in-8, dem.-v. f.

434. Un peu de tout. Recueil factice composé de soixante-dix-

sept pièces de facéties, poëmes, physiologies, biographies, romans de la fin du XVIIIe et du XIXe siècle, le tout réuni en 12 vol. in-18, figures, dem.-bas. rou.

435. Le Fond du sac, ou Restant des babioles de M. X*** (Félix Nogaret). *Venise (Cazin)*, 1780, 2 vol. in-18, jolies vign., v. éc., fil., tr. dor.

436. Dictionnaire érotique moderne, par Delvau. 1874, in-12, pap. vergé, eau-forte sur chine, br.

437. Dictionnaire érotique moderne, par deux professeurs de langue verte. 1875, in-4, pap. de Holl., br.

438. L'Art de péter, essai théori-physique et méthodique, à l'usage des personnes constipées, des personnages graves et austères, des dames mélancoliques, etc. Nouv. édit. *En Westphalie, chez Florent-Q.*, 1776, in-8, front. gr., br.

Réimpression à petit nombre.

439. Le Grand Mistère, ou l'Art de méditer sur la garde-robe, par l'ingénieux docteur Swift. — Pensées hasardées sur les études, la grammaire, la rhéthorique et la poëtique, par G.-L. Le Sage. *S. l. n. d.*, v. m. (*Rogné en tête.*)

440. Epître à..., par M. M. M., etc. *De l'imprimerie des Pays-Bas, s. d.*, in-8, dem.-v. v.

441. Recueil propre à certain usage. *Paris*, 1803, fig. col. — Foiriana *S. d.*, fig. — Peteriana, ou Manuel de l'art de péter. *Paris, chez les libraires en bonne odeur, s. d.*, fig. color. — Gras et Maigre. *A Etronopolis, s. d.*, fig. color. — Ensemble 4 pièces en un vol. in-12, dem.-v. f.

442. La Pétarade, poëme en quatre chants, œuvre posthume de l'abbé R***, avec notes par P. J. G. *Paris*, an VII, in-12, dem.-v. r.

443. La Chézonomie, ou l'Art de ch..., poëme didactique en 4 chants, par Ch. R***. *A Scoropolis, et se trouve à Paris, chez Merlin*, 1806, in-12, mar. bl., fil., tr. dor.

444. Description de six espèces de pets, par le Père Barnabé, avec le Testament de Roger Bontemps. Nouv. édit., revue par Chicourt. *Toulouse, chez Chirot, s. d.*, in-8, dem.-v. f.

445. Guide du Prussien, ou Manuel de l'artilleur sournois, à l'usage des personnes constipées. *Paris*, 1825, in-18, dem.-v. f.

446. Les Vents. Essai poétique. *Paris*, *Hubert*, 1826, in-18, dem.-v. f.

447. Sirop-au-C..., ou l'Heureuse Délivrance, tragédie, par M. ***, comédien italien. *Au temple du Goût*, *s. d.*, in-12, pap. vergé, br.

448. PIÈCES DIVERSES. Manuscrit in-8, papier, XIXe siècle, dem-v. f.

Renferme : Ode sur la nécessité de ch... — Ode sur la M..., par feu M. C... père.

449. Histoire secrette du prince Croqu'étron et de la princesse Foirette. *A Gringuenaude, chez Vincent d'Avalos et Florimont Mordant*, *s. d.*, pet. in-12, dem.-rel., n. r.

Dans le même volume : *les Etrennes de la Saint-Jean* (par Caylus et autres). *Troyes, veuve Oudot*, 1751, titre imprimé en vert, portrait de M. ou Mme Oudot.

450. Bibliotheca scatologica, par trois savants en us. *Scatopolis*, 5850, in-8, dem.-ch. rou.

On lit sur la feuille de garde du titre : « Cet exemplaire, de tirage à part, diffère de ceux qui ont été publiés avec le journal de l'*Amateur des livres*, par le faux titre, le titre (la vignette des tirés à part n'existe pas dans l'*Amateur des livres*), l'errata de la page 137, qui finit sur cette page dans le journal et passe à la page 138 dans le tirage à part. »

451. Bibliotheca scatologica. *Scatopolis*, 5850, in-8, pap. vergé, br.

Tiré à 100 exemplaires.

12. — DISSERTATIONS SINGULIÈRES

452. Les Imposteurs insignes, par J.-B. de Rocoles. *Amsterdam, Abraham Wolfgang*, 1683, pet. in-12, portraits, v. br.

Jolie édition elzévirienne à la sphère.

453. Les Charlatans célèbres. 2e édition. *Paris*, 1819, 2 vol. in-8, dem.-mar. rouge, dos orné, n. r.

454. Le Grand Parangon des nouvelles nouvelles, par Nicolas de Troyes, publié par E. Mabille. *Paris*, 1869, in-12, pap. vergé, cart. percal. rou.

455. Opuscules humoristiques, par Swift, traduits pour la première fois par Léon de Wailly. *Paris*, 1861, in-12, br.

456. Le Diable dans un bénitier et la Métamorphose du Gazetier cuirassé (Morande) en mouche, par P. Leroux (par le marquis de Pellepore). *Paris*, 1784, in-8, figure, dérel.

457. Mémoires pour servir à l'histoire de la fête des Foux, qui se faisoit autrefois dans plusieurs églises, par du Tilliot. *Lausanne*, 1751, in-12, figures (12), v. m.

458. Roger Bontems en belle humeur, donnant aux tristes et aux affligés le moyen de chasser leurs ennuis, et aux joyeux le secret de vivre toujours contens. Nouv. édit. *Cologne, chez Pierre Marteau (à la Sphère)*, 1731, 2 tom. en 1 vol. in-12, v. br.

459. Remède contre la mélancolie. *A la Seine, près Toulon, et à Marseille*, 1790, in-8, dem.-v. f.

460. Réflexions sur les grands hommes qui sont morts en plaisantant, par Deslandes. *Amst.*, 1758, in-12, vél. bl. à recouv., n. rog.

461. Les Etrennes de la Saint-Jean. 2e édit. *A Troyes, chez la veuve Oudot*, 1742, in-12, portr., tit. n. et bl., v. br.

462. La Puce de Mme Desroches, publié par D. Jouaust. *Paris, D. Jouaust*, 1868, in-12, br., n. r.

Tiré à petit nombre. Un des 15 sur papier Wathman.

463. De l'Abus des nudités de gorge, par l'abbé J. Boileau. *Paris, Delahaye*, 1858, in-12, pap. de Holl., br.

464. Bibliothèque des petits-maîtres, ou Mémoires pour servir à l'histoire de l'extrêmement bonne compagnie, par Ch. Gaudet. *Au Palais-Royal, chez la petite Lolo*, 1782, in-12, dérel.

465. Du Dandysme et de G. Brummell, par Barbey d'Aurevilly. *Caen*, 1845, in-18, pap. de Holl., br.

13. — POLYGRAPHIES.

466. Œuvres de d'Alembert. *Paris*, 1821, 5 vol. in-8, dem.-v. ant. (*Kœhler.*)

467. Œuvres complètes de H. de Balzac. *Paris, Houssiaux*, 1855, 20 vol. in-8, dem.-chagr. Laval.

468. Œuvres complètes de Ch. Baudelaire. *Paris, Mich. Lévy*, 1868, 6 vol. in-12, portr., dem.-maroq. rou., tr. supér. dor.

469. Œuvres de Boileau-Despréaux, avec des éclaircissemens historiques donnez par lui-même. *Genève, chez Fabri et Barrillot*, 1716, 2 vol. in-4, portraits par Rigaut peints par Chereau (Boileau, Ph. d'Orléans), fig. de Chereau et vign., v. br.

470. Œuvres de lord Byron. Quatrième édit. *Paris, Ladvocat*, 1822, 8 vol. in-8, portr. et fig., dem.-ch. r., dos orné, n. r.

471. Œuvres de Chateaubriand. *Paris, Furne*, 1863-66. 12 vol. gr. in-8, portraits, figures, dem.-chagr. n.

472. Œuvres poétiques d'André de Chénier, avec une notice et des notes par Gabr. de Chénier. *Paris, Lemerre*, 1874, 3 vol. pet. in-12, pap. teinté, portr. sur chine, dem.-maroq. brun, avec coins, tr. supér. dor., n. rog.

473. Œuvres de Colardeau. *Paris*, 1779, 2 vol. pet. in-8, fig. de Monnet, v. m.

474. Œuvres complètes de P.-L. Courier. Nouv. édit., augmentée d'un grand nombre de morceaux inédits, précédée d'un essai sur la vie et les écrits de l'auteur, par Armand Carrel. *Paris*, 1835, 4 vol. in-8, portr., dem.-ch. Lav.

475. Œuvres complètes de P.-L. Courier, pub. par A. Carrel. *Paris*, 1864, gr. in-8, portr., fac-simile, br.

476. Œuvres de Descartes. Nouvelle édition, précédée d'une introduction par Jules Simon. *Paris*, 1859, in-12, br.

477. Œuvres complètes d'Emile Deschamps. *Paris*, 1872-74, 6 vol. in-12, br., n. c.

Exemplaire sur papier de Chine.

478. Œuvres de Philippe Desportes. Edition avec notes et introduction par Alf. Michiels. *Paris*, 1858, in-12, front., dem.-ch. bl.

479. Œuvres de Diderot, publiées par Naigeon. *Paris*, an VIII, 3 vol. in-12, dem.-ch. bl.

Renferme les Salons de 1765 et 1767.

480. Œuvres de Denis Diderot. *Paris, Brière*, 1821, 20 vol. — Œuvres inédites. 1 vol. — Mémoires sur la vie et les ouvra-

ges de Diderot, par Naigeon. 1 vol. — Ens. 22 vol. in-8, portr., cart., n. rog.

481. Mémoires de Diderot. *Paris*, *Paulin*, 1830, 4 vol. in-8, dem.-chagr. rou.

482. Œuvres de Léon Gozlan. *Paris*, *Lemerre*, 1873, 2 vol. in-12, pap. teinté, portrait, br.

483. Œuvres diverses de de Grécourt. Nouv. édit. *Londres* (*Cazin*), 1780, 4 vol. in-18, fig., v.

484. Œuvres complètes de Henri Heine. *Paris*, 1866-72, 14 vol. in-12, dem.-chagr. brun, tête dor., n. rog.

485. Œuvres complètes de Lafontaine. *Paris*, *Nepveu*, 1820, 18 vol. in-18, portr., fig. (120) de Desenne, Chaudet, Huet, etc., dem.-v. f., tr. sup. dor., n. r.

486. Œuvres de Lamartine. *Paris*, *J. Boquet*, 1826, 2 vol. in-8, portr., cart., br.

487. Œuvres diverses de M. L*** F*** (Le Franc). Nouvelle édition, revue, corrigée, considérablement augmentée et ornée de figures en taille-douce. *Paris*, 1750, 2 vol. in-12, jolies fig., v.

Voyage de Languedoc et de Provence. Didon. Les Adieux de Mars. Odes. Discours académiques, etc.

488. Œuvres du prince de Ligne, publiées par Albert Lacroix. *Bruxelles*, 1860, 4 vol. in-12, dem.-v. fauve.

489. Œuvres de Mirabeau, précédées d'une notice par Mérilhau. *Paris*, 1827, 8 vol. in-8, br.

490. Œuvres complètes de Molière. Edition annotée par Ch. Louandre. *Paris*, *Charpentier*, 1875, 3 vol. in-12, fig. de Moreau le jeune, dem.-chag. rou., tr. peigne.

491. Les Œuvres de Molière, avec notes et variantes, par Alph. Pauly. *Paris*, *Lemerre*, *s. d.*, 8 vol. in-16 de texte, br., figures de Boucher dans un carton. (*Neuf.*)

492. Œuvres d'Alfred de Musset. *Paris*, *Charpentier*, 1867, 10 vol. in-18, portr. et figures photogr., cart. percal., n. rog. (*Manque le tome II.*)

493. Œuvres choisies de Parny. Augmentées des variantes de texte et de notes. *Paris*, *Lefèvre*, 1827, gr. in-8, portr., v. bl., fil., dent., tr. dor.

494. Œuvres complètes de J.-J. Rousseau. *Paris*, 1788-89, 40 vol. in-8, figures de Marillier et Moreau avant et avec la lettre (*belles d'épreuves*), bas. gr.

495. Œuvres complètes de Marmontel. *Paris*, *Verdière*, 1818-19, 18 vol. in-8, portr., fig., dem.-v. f., dos orn. (*Mouillures.*)

496. Œuvres choisies d'Alexis Piron. *Londres* (*Cazin*), 1782. 3 vol. in-18, portr., cart. genre Behrends, n. rog.

497. Les Œuvres de M. François Rabelais. *A Lyon*, *s. d.*, in-12, v. fil.

498. Opuscules mêlés de littérature et de philosophie, par Rœderer. *Paris*, an VIII, an X, an XII, 3 vol. in-8, portr., v. f.

499. Œuvres de C. Tillier. *Nevers*, 1846, 4 vol. in-12, portr., dem.-rel. maroq. bl., avec coins, tr. supér. dor., n. rog. (*Smeers.*)

500. Œuvres complètes de Voltaire, avec des notes. *Paris*, *Furne*, 1835, 13 vol. gr. in-8, portr. et fig., dem.-maroq. Lavall., tr. jaspées.

14. — COLLECTIONS, MÉLANGES

501. Collection du Bibliophile français, publiée par Bachelin-Deflorenne. *Paris*, 1864 à 1869, 12 vol. in-12, cart. toile, portr. et fig.

Bernard. La Lisette de Béranger. — Le Bailly. Hégésippe Moreau. — Le Bailly. Madame de Lamartine. — Peigné. Lamennais. — Claretie. Elisa Mercœur. — Poisle-Desgranges. Rouget de Lisle. — Delvau. Gérard de Nerval. — Delvau. Henry Murger. — Le Bailly. Œuvres inédites d'Hégésippe Moreau. — Claudin. Méry. — France. Alfred de Vigny. — D'Heilly. Madame de Girardin.

502. Bibliothèque récréative. Contes, lettres, dialogues, satires, facéties, écrits en français ou traduits du latin, publiés par P. Develay. *Edition Diamant*. *Paris*, *Académie des bibliophiles*, 1865-73, 30 vol. pet. in-32, pap. vergé, vignettes, br.

503. Bibliothèque originale. *Paris*, *Pincebourde*, 8 vol. in-16, pap. de Holl., eaux-fortes, br., n. c.

Fréron. Pétrus Borel. Mystifications de Caillot. Duval. Béranger et son Temps. L'abbé de Bucquoy. L'Armée d'Egypte. La Mort de César.

504. Le Trésor des pièces rares ou inédites. Collection Aubry. Ensemble 21 volumes in-12, cart.

Vers de Baude. — Ronsard. — Jeanne d'Arc. — Chants historiques. — Philobiblion. — Journée des madrigaux. — Traité de l'amour des livres. — Chansons d'amour. — Paris au XIIIe et au XVe siècle. — Eglises et Monastères de Paris. — Description de la ville de Paris, etc.

504 *bis*. Trésor des pièces rares ou inédites. Exemplaires doubles. 5 vol. in-12, cart. et dem.-maroq. c.

Amours d'Ovide. — Eglises de Paris. — La Ruelle mal assortie. — Le Blason des couleurs. — L'Enlèvement innocent.

505. Bibliothèque bibliophilo-facétieuse, éditée par les frères Sébéodé (le Premier Acte du synode nocturne). *Paris*, 1852, 3 vol. in-12, cart.

Tiré à 60 exemplaires. Très-rare.

506. Bibliothèque facétieuse des XVe, XVIe et XVIIe siècles. *Paris, Claudin*, 1858, 4 vol. in-8, pap. de Holl., br. (*Tiré à petit nombre.*)

Regrets funèbres de Rondibilis. — Sur l'enlèvement des reliques de Sainct-Fiacre. — La Défense du pet. — Le Nez pourry de Renaudot.

507. Variétés historiques et littéraires, recueil de pièces volantes, rares et curieuses en prose et en vers, revues et annotées par M. Edouard Fournier. *Paris, Jannet*, 1855-63, 10 vol. in-12, pap. vergé, percal. rou., n. rog.

Histoire

GÉNÉRALITÉS

---

508. L'UNIVERS. Histoire et description de tous les peuples. *Paris, Didot*, 42 vol. in-8, figures et cartes, dem.-v. bl.

509. Histoire universelle de César Cantu. *Paris, Didot*, 1867, 19 vol. in-8, dem.-v. fauve.

510. Lettres à Emilie sur la mythologie, par Demoustier. *Paris, Renouard*, 1809, 4 part. en 2 volumes in-8, portr. et fig. de Moreau, bas.

511. Géographie de Strabon, trad. du grec en français. *Paris, Imp. roy.*, 1819, 5 vol. in-4 (y compris le carton du 5e), cart., n. r. (*Fortes mouill.*)

512. Delle navigationi et viaggi del Ramusio. *In Venetia*, 1554-59, 3 vol. in-fol., cartes, v. gr.

513. Narrative of travels in Europe, Asia and Africa, in the seventeenth century, by E. Effendy. Transl. from the Turkish the J. von Hammer. *London*, 1834, 2 tom. en un vol. in-4, cart.

514. Histoire du monde, sacrée et profane, par S. Shuckford. Trad. de l'anglais par Bernard. *Leyde*, 1838, 3 vol. in-8, cartes, maroq. v., fil., tr. dor. (*Anc. rel.*)

515. Atlas historique, généalogique, chronologique et géographique, par A. Lesage (comte de Las Cases). *Paris*, *Garnier*, *s. d.*, grand in-folio, dem.-v. viol.

516. Atlas historique et pittoresque. Histoire universelle, par Schnitzler. *Strasbourg*, 1861, 4 vol. gr. in-4, pl., vues et portr., cart.

517. Les Illustres Voyageuses, par R. Cortambert. *Paris*, 1866, gr. in-8, br.

518. Dictionnaire universel d'histoire et de géographie, par Bouillet. *Paris*, 1861, gros in-8, dem.-chagr. n.

519. Atlas universel d'histoire et de géographie, par Bouillet. *Paris*, 1865, 1 fort vol. in-8, cartes (88), dem.-chagr. n.

520. Spectacle historique divisé par périodes de 25 ans, chaque estampe représentant les événements les plus remarquables d'une période et les portraits des souverains qui ont le plus influé sur les affaires de leur temps, gravés d'après les médailles du Cabinet du Roy et de Ste-Geneviève, par Godefroy, texte par Levesque. *Paris*, *s. d.*, in-fol., cart.

521. Le premier et le second volume de Oroze, certain compilateur de tous les aages du monde. Translaté de latin en françoys. *Paris*, *chez Philippe le Noir*, 1526, 2 tom. en un vol. in-4 gothique, tit. gr., r. et n., vign. sur bois, lettres ornées, v. f. (*Quelques feuillets restaurés.*)

522. Le Violier des histoires romaines. Ancienne traduction française des Gesta Romanorum. Nouv. édit., revue et annotée par G. Brunet. *Paris*, *Jannet*, 1858, in-16, br.

523. Etudes sur les Barbares et le moyen âge, par Littré. *Paris*, 1867, in-8, br.

524. Civilisateurs et Conquérants, par A. de Lamartine. *Paris*, 1865, 2 vol. gr. in-8, br.

525. Les Miettes de l'histoire, par Auguste Vacquerie. *Paris*, 1863, in-8, br. — L'Océan des anciens et les Peuples préhistoriques, par Al. Moreau de Jonnès. *Paris*, 1873, in-12, broché.

526. Annuaire encyclopédique, pub. par les directeurs de l'Encyclopédie du XIXe siècle. *Paris*, 1859-66, 6 vol. gr. in-8, dem.-rel. toile bl.

527. Cours d'histoire des Etats européens, depuis le bouleversement de l'empire romain d'Occident jusqu'en 1789, par Schœll. *Berlin*, 1830-34, 46 vol. in-8, dem.-v.

528. Histoire des Etats européens depuis le Congrès de Vienne, par de Beaumont-Vassy. *Paris, Amiot*, 1853, 6 vol. in-8, br.

529. Histoire de l'Europe pendant la Révolution française, par H. de Sybel. Traduit de l'allemand par Mlle Marie Bosquet. *Paris*, 1870, 2 vol. in-8, br.

530. Almanach perpetuv, da Ott. Beltrano. *In Venetia*, 1655, in-8, dem.-v. f. (*Rare.*) — Almanach historique, ou Recueil véridique et chronologique des principaux événements qui sont arrivés en Europe depuis le 21 septembre 1792, par Rouy l'aîné. *Paris*, 1792, in-18, fig., bas. m.

531. Politique de tous les cabinets de l'Europe pendant les règnes de Louis XV et de Louis XVI, par L.-P. Ségur l'aîné. *Paris*, an IX (1801), 3 vol. in-8, v.

532. Décade historique, ou Tableau politique de l'Europe depuis 1786 jusqu'en 1796. Politique de tous les cabinets de l'Europe pendant les règnes de Louis XV et de Louis XVI, par le comte de Ségur. *Paris*, 1824, ens. 6 vol. in-8, br.

533. Histoire diplomatique de l'Europe pendant la Révolution française, par François de Bourgoing. *Paris*, 1867, 2 vol. in-8, br.

534. Histoire des cabinets de l'Europe pendant le Consulat et l'Empire (1800-1815), précédée d'une notice par M. Sainte-Beuve. *Paris*, 1866-69, 5 vol. in-8, br.

535. Les Diplomates européens, par Capefigue. *Paris*, 1845, 4 vol. in-8, br.

535 *bis*. La Diplomatie vénitienne. Les princes de l'Europe

au XVIe siècle. François Ier, Philippe II, Catherine de Médicis, les papes, les sultans, d'après les rapports des ambassadeurs vénitiens, par M. Armand Baschet. *Paris*, 1862, gr. in-8, br.

536. Essai sur la diplomatie, manuscrit d'un philhellène, par Toulouzan. *Paris*, 1830, dem.-chagr. — Essai sur la diplomatie, par le prince Adam Czartoryski. *Paris*, 1864, in-8, br.

537. Plan d'un nouvel équilibre politique en Europe, par J. de Maistre, publié par M. de Chantelauze. *Paris*, 1859, in-8, br.

538. Histoire du dépôt des archives des affaires étrangères, par Armand Baschet. *Paris*, 1875, in-8, br. (*Portrait de Colbert.*)

538 *bis*. Les Archives de Venise. Histoire de la Chancellerie secrète, par Armand Baschet. *Paris*, 1870, gr. in-8, br.

539. LA LIGUE des nobles et des prêtres contre les peuples et les rois, par M. Paul de P***. *Paris*, 1820, 2 vol. in-8, dem.-rel. toile, n. rog.

540. Histoire des inaugurations des rois, empereurs et autres souverains de l'univers, par dom Ch. Bévy. *Paris*, 1776, in-8, fig., dem.-chag. rou., tr. sup. dor., n. rog.

541. Bibliothèque historique de Diodore de Sicile, trad. du grec, avec notes, par F. Hoefer. *Paris*, 1865, 4 vol. in-12, dem.-chagr. r.

542. Nicephori Gregoræ Byzantina historia. — Combefisius de scriptos hist. Byzantin. *Venetiis*, 1729, 3 tom. en un vol. gr. in-fol., rel. vél. estamp., fermoirs.

Bel exemplaire.

543. Pauli Jovii historiarum sui temporis. *Florentiæ*, 1550, 2 vol. in-fol., cuir de Russie. (*Cach. sur les titres. — Nomb. annot. marg. du temps.*)

Bel exemplaire.

544. L'Empire grec au Xe siècle, par Alf. Rambaud. *Paris*, 1870, gr. in-8, br., n. c.

545. Insurrection et Régénération de la Grèce, par Gervinus. Trad. par Minssen et L. Sgouta. *Paris*, 1863, 2 vol. in-8, br.

546. Les Grecs anciens et les Grecs modernes, par le comte de Marcellus. *Paris*, 1861, in-8, dem.-v. gr.

547. Histoire romaine de Tite-Live. Traduction nouvelle, avec notes, par Gaucher. *Paris, Hachette*, 1867, 4 vol. in-12, dem.-ch. rou.

548. L'Histoire romaine à Rome, par Ampère. 4e édit. *Paris*. 1868-72, 4 vol. in-8, dem.-ch. rou.

549. L'Empire romain à Rome, par Ampère. *Paris*, 1867. 2 vol. in-8, dem.-chagr. rou.

550. Les Empereurs romains, caractères et portraits historiques, par J. Zeller. *Paris*, 1863, in-8, br. — Tableau de l'empire romain, jusqu'à la fin du gouvernement impérial en Occident, par Amédée Thierry. *Paris*, 1863, in-8, br.

551. Rome au siècle d'Auguste, par Ch. Dezobry. Nouvelle édition. *Paris*, 1846, 4 vol. in-8, dem.-ch. bl.

552. Histoire de Jules-César (par l'empereur Napoléon III). *Paris, Plon*, 1865, 2 vol. gr. in-8, br., n. c.

553. César. Scènes historiques, par Ampère. *Paris*, 1859, in-8, dem.-ch. rou.

554. Nouveaux Récits de l'histoire romaine aux IVe et Ve siècles, par Amédée Thierry. *Paris*, 1865, 2 vol. in-8, br.

555. L'Italie, de 1847 à 1865. Correspondance politique de Massima d'Azeglio, par Eug. Rendu. *Paris*, 1867, in-8, br. — La Vie d'un patricien de Venise au XVIe siècle, par Ch. Yriarte. *Paris*, 1874, in-8, portr., br.

556. Poggiana, ou la vie, le caractère, les sentences et les bons mots de Pogge, Florentin, avec son Histoire de la république de Florence. *Amst.*, 1720, 2 vol. in-12, portr., v. br.

557. Histoire d'Attila et de ses successeurs, par Amédée Thierry. *Paris*, 1856, 2 vol. in-8, br.

558. Révolution d'Angleterre. Charles Ier, sa cour, son peuple et son Parlement, par Ph. Chasles. *Paris, Janet, s. d.*, gr. in-8 illustré, dem.-ch. rou., tr. sup. dor., n. r.

559. Mémoires de James Graham, marquis de Montrose, contenant l'histoire de la rébellion de son temps. *Paris*, 1767, 2 vol. in-12, v. gr.

560. Histoire de la révolution d'Angleterre, par Guizot. *Paris, Didier*, 1864-66, 6 vol. in-12, br.

Charles Ier. — La République Cromwell.

561. Etudes sur la révolution d'Angleterre, par Guizot (Monk;

— portrait politique). *Paris, Didier*, 1858-74, 2 vol. in-12, br. — Portraits politiques des hommes de la révolution d'Angleterre, par Guizot. *Paris, Didier*, 1858, in-12, br.

562. William Pitt et son Temps, par lord Stanhope, trad. de l'anglais par Guizot. *Paris*, 1862, 4 vol. in-8, br.

563. Voyages d'oultremer en Jherusalem, par le seigneur de Caumont, l'an 1418, publiés par le marquis de La Grange. *Paris*, 1858, gr. in-8, pap. azuré, fac-simile, dem.-maroq. rou. du Levant, avec coins, tr. sup. dor., n. r.

Tiré à 20 exemplaires sur ce papier.

564. Histoire de l'île de Chypre sous le règne des princes de la maison de Lusignan, par de Mas-Latrie. *Paris, Imp. impr.*, 1861, 3 vol. gr. in-8, br.

565. La nouvelle Amérique, par H. Dixon. Trad. de l'anglais, avec notes, par Ph. Chasles. *Paris*, 1869, gr. in-8, br.

Histoire de France

1. — GÉNÉRALITÉS, MÉMOIRES

566. Mérian. Topographia Galliæ, sive delineatio famosissimorum locorum in regno Galliæ (texte en allemand). *Francofurti*, 1655-61, 13 parties en 2 vol. in-fol., fig. en taille-douce, cart.

Cette topographie de la France contient près de 1,000 plans, vues de villes, de châteaux, etc., du XVIIe siècle. Les deux grands plans et vues de Paris, de 1620 et 1648, s'y trouvent.
Bel exemplaire en papier collé.

567. Carte orographique, hydrographique et routière de la France, pub. par Andriveau-Goujon. *Paris*, 1874, gr. in-fol. color. coll. sur toile, en étui.

568. Histoire de la vie privée des Français, par Legrand d'Aussy. *Paris*, 1782, 3 vol. in-8, v. m.

569. Mémoires d'Ant. Caillot, pour servir à l'histoire des mœurs et usages des Français. *Paris*, 1827, 2 vol. in-8, dem.-v. fauve, tête dor., n. rog.

570. Essai sur l'histoire de la formation et des progrès du tiers-état, par Aug. Thierry. *Paris, Garnier, s. d.*, gr. in-8, dem.-ch. Lavall, tr. sup. dor., n. r.

571. Les Crimes des rois de France, depuis Clovis jusqu'à Louis XVI, par Lavicomterie. *Paris*, 1792, in-8, figures, cart.

572. Mémoires historiques, critiques et anecdotes des reines et régentes de France, par Dreux du Radier. *Paris*, 1808, 6 vol. in-8, dem.-v. violet. (*Mouillures.*)

573. Histoire de l'armée et de tous les régiments, par Pascal et Brahaut. Illustrée par Philippoteaux, H. Bellangé et autres. *Paris*, 1848, 4 vol. gr. in-8, fig. coloriées, dem.-chagr. n.

573 *bis*. Tableau historique et chronologique du militaire depuis la création des régiments jusqu'à présent, par Roussel. *Paris, Imprim.roy.*, 1773, in-fol., cart., n. rog.

574. Histoire de la garde nationale de Paris, par Ch. Comte. *Paris*, 1827, in-8, dem.-v. f., n. rog. — Histoire civile de l'armée, par Aug. Vitu. *Paris*, 1868, in-8, br.

575. ETAT du régiment du roi, infanterie, à l'époque de la revue de Sa Majesté, le 23 avril 1778. *Paris*, 1778, in-8, frontisp. gr., maroq. rou., fil., tr. dor. (*Rel. anc.*)

576. Le 101e Régiment, par Jules Noriac. Illustré par Armand Dumaresq, G. Janet, Pelcoq, Morin et Deuxétoiles. *Paris*, 1860, in-12, pap. vél., dem.-maroq. rou. du Levant, avec coins, tr. supér. dor., n. rog. (*Allô.*)

Un des 45 exemplaires tirés sur papier vélin.

577. Histoire des hôtelleries, cabarets, courtilles et des anciennes communautés et confréries d'hôteliers, de marchands de vin, etc., par Francisque Michel et Edouard Fournier. *Paris*, 1859, 2 vol. in-8, figures, br.

578. Mémoires des Sanson, mis en ordre, rédigés et publiés par H. Sanson. *Paris*, 1862, 6 vol. in-8, dem.-ch. r.

579. Le Livre rouge, histoire de l'échafaud en France, par Dupray de La Mahérie. *Paris*, 1863, gr. in-4, portaits (50), dem.-chagr. br., n. rog.

580. Les Mémoires et l'Histoire en France, par Charles Caboche. *Paris*, 1862, 2 vol. in-8, br.

581. Nouvelle Collection des Mémoires relatifs à l'histoire de France, depuis le XIIIe siècle jusqu'à la fin du XVIIIe, par Michaud et Poujoulat. *Paris*, 1854, 34 vol. gr. in-8, portr., dem.-ch. bl.

582. Bibliothèque des mémoires pendant le XVIIIe siècle, par F. Barrière. *Paris*, *Didot*, 1859-75, 12 vol. in-12.

Le comte de Ségur et le prince de Ligne. — Madame de Staal. — Madame du Hausset et Bachaumont. — Madame Roland. — Marmontel. — Lord Rolland et mistress Elliot. — Lettres de madame du Deffand. — Lettres de la princesse Palatine. — Mémoires sur les journées révolutionnaires.

2. — MÉLANGES HISTORIQUES ET LITTÉRAIRES

JOURNAUX

583. Mélanges d'histoire et de littérature, par de Vigneul-Marville. Nouv. édit. *Paris*, 1713, 3 vol. in-12, v. br.

584. Tablettes d'un curieux, ou Variétés historiques, littéraires et morales, par Sautereau de Marsy. *Bruxelles et Paris*, 1789, 2 vol. in-12, dem.-rel.

585. Mélanges historiques et philologiques, par Michault. *Paris*, 1754, 2 vol. in-12, v. br.

586. Mélanges historiques et critiques, contenant diverses pièces relatives à l'histoire de France, par Damiens de Gomicourt. *Amst.*, 1768, 2 tom. en un vol. in-12, v. m.

587. Recueil de pièces intéressantes pour servir à l'histoire de France, et autres morceaux de littérature trouvés dans les papiers de l'abbé de Longuerue (publiés par Rousselot de Surgy). *Genève*, 1769, in-12, v. m.

588. Pièces intéressantes et peu connues, pour servir à l'histoire et à la littérature, par de La Place. *Bruxelles*, 1785, 8 vol. in-12, bas. m.

589. Mélanges historiques, satiriques et anecdotiques, par M. de Bois-Jourdain. *Paris*, 1807, 3 vol. in-8, dem.-bas. v., n. rog.

590. L'Hermite de Belleville, ou Choix d'opuscules politiques,

littéraires et satiriques, par Ch. Colnet. *Paris*, 1833, 2 vol. in-8, dem.-v. v.

591. Souvenirs de M. Berryer, doyen des avocats de Paris, de 1774 à 1838. *Paris*, 1839, 2 tomes en un vol. in-8, dem.-v. f.

592. Histoire de huit ans, par Louis Blanc. *Paris*, 1871, 3 vol. in-8, portr. et figures, dem.-chagr. rou.

593. Curiosités de l'histoire de France. — Curiosités de l'histoire du vieux Paris. — Curiosités de l'histoire des arts. Par Paul Lacroix. *Paris*, 1858, ens. 3 vol. in-12, dem.-v. fauve, tr. sup. dor., n. rog.

594. Mémoires et Mélanges historiques et littéraires, par le prince de Ligne. *Paris*, 1827, 5 vol. in-8, portr. et fac-simile, cart.

595. Mélanges de littérature et d'histoire, recueillis et publiés par la Société des bibliophiles français. *Paris*, 1856, in-8, pap. de Holl., br. (1re partie.)

Ce volume renferme une notice sur la comtesse de Noailles, un Mémoire sur Pierre de Craon et G. Pillon, etc.

596. Mélanges, fragments historiques et notes sur l'ancien régime, la Révolution et l'Empire, par Alexis de Tocqueville. *Paris*, 1865, in-8, br.

597. Hommes et Dieux, études d'histoire et de littérature, par Paul de Saint-Victor. *Paris*, 1867, in-8, br. — Mélanges, par le général comte de Ségur. *Paris*, 1873, in-8, br.

La Vénus de Milo. — Méléagre. — Diane. — Hélène. — Néron. — Attila. — César Borgia. — Les Bohémiens. — Le Décaméron de Boccace, etc.

598. Etudes françaises et étrangères, par Sainte-Beuve. *Paris*, 1829, in-8, cart., n. rog. — Etudes d'histoire moderne, par Villemain. *Paris*, 1856, in-12, br.

599. Aufsäke und biographische Stizzen zur französischen Geschichte, durch Sugenheim. *Berlin*, 1872, in-8, br.

600. Deux Années de mission à Saint-Pétersbourg, manuscrits, lettres et documents historiques sortis de France en 1780, par le comte H. de La Ferrière. *Paris*, *Impr. impér.*, 1867, in-8, br.

601. Chronique de l'Œil-de-bœuf, par Touchard-Lafosse. *Paris*, 1864, 8 vol. in-12, dem.-v. f., dos ornés.

602. Histoire morale, civile, politique et littéraire du charivari, depuis son origine, vers le IVe siècle, par le docteur Calybariat, de Saint-Flour, suivie du complément de l'histoire des charivaris jusqu'à l'an de grâce 1833, par Eloi-Christ. Bassinet, sous-maître à l'école primaire de Saint-Flour. *Paris*, 1833, in-8, dem.-v. r., dos orné, tr. sup. dor., n. r.

603. Musée des Archives nationales, documents originaux de l'histoire de France, exposés dans l'hôtel Soubise. Ouvrage enrichi de 1200 fac-similes d'autographes depuis l'époque mérovingienne jusqu'à la Révolution française. *Paris*, 1872, in-4, br.

604. Mémoires secrets de la république des lettres en France, par de Bachaumont. *Londres*, 1781-89, 36 tomes en 18 vol. in-12, v. jaspé, fil. (*Gros caractères.*)

605. Mémoires secrets de Bachaumont, pub. avec des notes et une préface par P.-L. Jacob, bibliophile. *Paris*, 1869, in-12, br.

606. Correspondance secrète, politique et littéraire, ou Mémoire pour servir à l'histoire des cours, des sociétés et de la littérature en France, depuis la mort de Louis XV (rédigée par Métra et autres). *Londres*, 1787-90, 18 vol. in-12, dem.-bas. f.

607. Journal et Mémoires de Ch. Collé, pub. par Honoré Bonhomme. *Paris*, 1868, 3 vol. in-8, br.

608. Revue de questions historiques. *Paris*, 1866 à 1873. Ens. 28 livraisons diverses in-8, br.

609. Revue des documents historiques, publ. par Etienne Charavay. *Paris*, 1873-1874, gr. in-8, fac-simile, br.

Première année.

3. — HISTORIENS DE FRANCE

610. Histoire des Francs. Grégoire de Tours et Frédégaire. Traduction de M. Guizot. Nouvelle édit., entièrement revue et augmentée de la géographie de Grégoire de Tours et

de Frédégaire, par Alfred Jacobs. *Paris*, 1862, 2 vol. in-12, br.

611. Histoire de France, depuis l'établissement des Francs dans la Gaule jusqu'en 1830, par Burette. *Paris*, 1842, 2 vol. gr. in-8, 500 figures de Jules David gr. par Chevin, dem.-chagr. v.

612. Histoire de France d'Anquetil, continuée jusqu'en 1830 par L. Gallois. *Paris*, *s. d.*, 4 vol. gr. in-8, fig., dem.-v. rou.

613. Histoire de France de Michelet. *Paris*, 1861, 6 vol. in-8, br.

614. Michelet (J.). 10 vol. in-8, br.

Renaissance. — La Ligue de Henri IV. — Guerres de religion. — Réforme. — Henri IV et Richelieu. — Richelieu et la Fronde. — Louis XIV. — La Régence. — Louis XV et Louis XVI.

615. La France illustrée, par Malte-Brun. *Paris*, *s. d.*, 5 vol. gr. in-8, nombr. cartes et fig., dem.-chagr. v., plats toile, tr. dor.

616. L'Histoire de France racontée à mes petits enfants, par Guizot. *Paris*, 1872-75, 5 vol. gr. in-8, ilustrés de 94 gravures par A. de Neuville, Philippoteaux, etc., br.

617-618. Histoire populaire de la France. Illustrée de 365 vignettes. *Paris*, *s. d.*, 4 vol. gr. in-8, texte à 2 col., br.

619. Histoire populaire contemporaine de la France. *Paris*, 1864-66, 4 vol. gr. in-8, illustrés, cart. toile rou., tr. dor.

620. Dictionnaire historique de la France, par Ludovic Lalanne. *Paris*, 1872, gros vol. gr. in-8, dem.-chagr. n.

621. Journal de la France, contenant par chaque jour des mois ce qui s'est passé de plus mémorable depuis l'origine de la monarchie jusqu'à présent, par l'abbé Valerot. *Paris*, 1719, pet. in-8, front., maroq. rou., tr. dor. (*Rel. anc.*)

622. La France, par lady Morgan. *Paris*, 1817, 2 vol. in-8, cart.

623. Histoire de France tintamarresque, par Touchatout. Illustrée par G. Lafosse, Gill et autres. *Paris*, 1872, gr. in-8, br.

624. Histoire du gouvernement parlementaire en France

(1814-1848), par Duvergier de Hauranne. *Paris*, 1867-72, 10 vol. in-8, br.

625. Voyage sentimental en France et en Italie, de Sterne. *Paris, Jouaust*, 1875, in-16, br., n. c.

Edition tirée à petit nombre et ornée d'un portrait de Sterne, et de 6 eaux-fortes, dessinées et gravées par Ed. Hédouin.

626. Histoire maritime de France, par Léon Guérin. *Paris, Abel Ledoux*, 1843, 2 vol. gr. in-8, fig. (31), dem.-rel.

627. Collection des meilleurs dissertations, notices et traités particuliers relatifs à l'histoire de France, publiée par C. Leber. *Paris*, 1838, 20 vol. in-8, br.

628. Archives curieuses de l'histoire de France, depuis Louis XI jusqu'à Louis XVIII, publiées par L. Cimber et Danjou *Paris*, 1834-1840, 1re et 2e séries. Ens. 27 vol. in-8, dem.-chagr. rou., n. rog. (*Taches d'humidité.*)

629. Les mêmes, 1re et 2e séries. 27 vol. in-8, brochés.

630. Œuvres d'Augustin Thierry. Nouv. édit., revue avec le plus grand soin. *Paris, Garnier, s. d.*, 4 vol. gr. in-8, dem.-ch. Lavall., tr. sup. dor., n. rog.

Conquête de l'Angleterre. — Récits des temps mérovingiens. — Dix Ans d'études historiques.

4. — DES PREMIERS TEMPS DE LA MONARCHIE

A LOUIS XIV

631. Chroniques de Froissard, pub. par Siméon Luce. *Paris, Renouard*, 1869, 3 part. en 2 vol. in-8, br. (*Tomes I et II.*)

632. Chronique de la Pucelle, ou Chronique de Cousinot, suivie de la Chronique normande de P. Cochon, publiées avec notices, notes et développements, par Vallet de Viriville. *Paris*, 1859, in-12, dem.-ch. orange.

633. Procès de condamnation de Jeanne d'Arc, par Vallet de Viriville. *Paris*, 1867, in-8, br.

634. La Chronique de Louis XI, dite Chronique scandaleuse, faussement attribuée à Jean de Troyes, restituée à son véri-

table auteur, publ. par Auguste Vitu. *Paris*, 1873, in-8, pap. vergé, br.

635. Rivalité de François Ier et de Charles-Quint, par Mignet. *Paris*, 1875, 2 vol. in-8, br.

636. Les Amours de François Ier, par M. de Lescure. *Paris*, 1865, in-12, papier vélin, dem.-maroq. bl., av. coins, tr. sup. dor., n. rog. (*Tiré à petit nombre.*)

Exemplaire avec deux épreuves du joli portrait de François Ier, gravé à l'eau-forte par Hillemacher, dont une sur papier de Chine.

637. Les Chasses de François Ier, racontées par L. de Brézé, précédées de la Chasse sous les Valois, par le comte Hector de La Ferrière. *Paris*, 1869, in-8, pap. vergé, tit. r. et n., dem.-maroq. vert du Lev., avec coins, tr. sup. dor., n. r.

638. Annales galantes de la cour de Henri second, par Lassan. *Amsterd., Desbordes*, 1749, 2 vol. in-12, v. f.

Peu commun.

639. Pièces historiques (59) relatives aux règnes de Henri II, Henri III, Henri IV, Louis XIII. In-8, dér.

Harangue au cardinal Cajetan. — Interprétation de la volonté du Roy. — Résolution à la paix. — Remonstrance faite sur les émotions du temps. — Requeste de M. de Bouteville. — Lettre du cardinal du Perron. — Lettre de M. d'Espernon. — Discours sur les mariages de France et d'Espagne, etc.

640. Sommaire Exposition des ordonnances du roy Charles IX, sur les plaintes des trois États de son royaume tenus à Orléans l'an 1560, par Joachim du Chalard. *Lyon, Baudin*, 1565, in-8, rel. percal. bl.

641. La Jeunesse de Catherine de Médicis, par A. de Reumont, trad. par A. Baschet. *Paris*, 1865, in-8, portr., br.

642. Le Tocsain contre les massacreurs et auteurs des confusions en France, par lequel la source et origine de tous les maux qui de longtemps travaillent la France est découverte, etc., adressé à tous les princes chrestiens. *Reims, J. Martin*, 1579, in-8, parch. (*Piqûres de vers dans la marge du bas.*)

Très-rare. — On lit sur la garde du volume la note suivante du cardinal Villecourt : « Cet ouvrage répond à son titre : c'est la plus séditieuse pièce que les Huguenots pouvaient produire pour donner la preuve de leur fureur et de leur anarchie. Non-seulement les faits y sont représentés sous un jour matériellement faux, mais dans un langage partout empreint d'exagération et de passion; on y invite les princes étrangers et tous les Français protestants à laver dans le sang des Catholiques le sang d'une poignée d'hérétiques égorgés en punition de leurs révoltes et conspirations, etc., etc. »

643. Histoire du règne de Henri IV, par Aug. Poirson. *Paris*, 1865, 4 vol. in-12, dem.-v. ant.

644. Journal inédit du règne de Henri IV, 1598-1602, par Pierre de L'Estoile, pub. par E. Halphen. *Paris, Aubry*, 1862, in-8, pap. de Holl., br.

645. Journal militaire de Henri IV, depuis son départ de la Navarre, par M. le comte de Valori. *Paris*, 1821, in-8, br.

646. Le Banquet et Après-disnée du comte d'Arete, où il se traite de la dissimulation du roy de Navarre et des mœurs de ses partisans. *Paris, G. Bichon*, 1594, pet. in-8, v. gr.

647. Les Amours de Henri IV, par de Lescure. *Paris*, 1864, in-12, dem.-mar. bl., av. coins, tr. supér. dor., n. rog. (*Allô.*)

Exemplaire avec doubles épreuves des portraits tirés sur papier de Chine.

648. Orléans (Louys d'). La Plante humaine sur le trespas du roy Henry le Grand, où il se traicte du rapport des hommes avec les plantes qui vivent et meurent de même façon. *Lyon, Cl. Morillon*, 1622, in-8, dem.-maroq. br.

Bon exemplaire d'un livre fort curieux, dédié à la Royne mère de Louis XIII.

649. Ordonnances du roy Louis XIII, roy de France et de Navarre, sur les plainctes et doléances faictes par les députez des Estats de son royaume convoquez et assemblés en la ville de Paris en l'année 1614, et sur les advis donnés à Sa Majesté par les Assemblées des notables, tenües à Rouen en l'année 1617 et à Paris en l'année 1626, publiées en Parlement le 15 janvier 1629. *S. l.*, 1629, in-8, rel. percal. bl. (*Mouillures.*)

650. Journal sur l'enfance et la jeunesse de Louis XIII, publié par Jean Hérouard, Soulié et Barthélemy. *Paris*, 1868, 2 vol. in-8, br.

651. Louis XIII et Richelieu. Etude historique, accompagnée des lettres inédites du roi au cardinal de Richelieu, par Marius Topin. Deuxième édit. *Paris*, 1876, in-8, br.

652. Ambassades de Bassompierre en Suisse, l'an 1625; en Espagne, 1621; en Angleterre, 1624. *Cologne, P. du Marteau* (*Elzevier*), 1668, 4 tom. en 2 vol. in-12, v.

Hauteur : 130 millimètres.

653. Mémoires de messire Pierre Bourdeille, seigneur de Brantôme, contenant les Dames illustres de France de son temps. *A Leyde, chez Jean Sambix*, 1665, pet. in-12, cart.

Exemplaire grand de marges. 133 millimètres.

654. Abrégé de l'histoire de ce siècle de fer, contenant les misères et calamitez des derniers temps, par J. de Parival. *Bruxelles*, 1660, in-8, maroq. rou., fil., tr. dor.

655. Nouveaux Intérêts des princes de l'Europe, par Sandras de Courtilz. *Cologne, P. Marteau* (*Hollande, à la Sphère*), 1688, in-12 réglé, maroq. rouge, fil., tr. dor. (*Anc. rel.*)

656. Souvenirs de Jean Bouhier, président du Parlement de Dôle, contenant des détails curieux sur divers personnages des XVIIe et XVIIIe siècles. *Paris, s. d.*, in-12, pap. rose, br.

Tiré à petit nombre.

5. — LOUIS XIV

657. Nouveau Siècle de Louis XIV, ou Poésies anecdotes du règne et de la cour de ce prince, par Sautreau de Marsy. *Paris*, 1793, 4 vol. in 8, cart.

658. Correspondance de Louis XIV avec M. Amelot, son ambassadeur en Espagne (1705-1709), publiée par le baron de Girardot. *Nantes*, 1864, 2 vol. in-8, br.

659. La Société française au XVIIe siècle, par V. Cousin. *Paris*, 1870, 2 vol. in-8, br.

660. La Jeunesse de Mazarin, par V. Cousin. *Paris*, 1865, in-8, br.

661. Le Masque de fer, ou les Aventures admirables du père et du fils, par le chev. de Mouhy. *La Haye*, 1750, 6 part. en 1 vol. in-12, dem.-bas. bl.

662. La Vérité sur le masque de fer (les Empoisonneurs), d'après des documents inédits des archives de la guerre et autres dépôts publics (1664-1703), par Th. Jung. *Paris*, 1873, in-8, fig., br.

663. Mademoiselle de La Vallière et madame de Montespan, par Arsène Houssaye. *Paris*, 1860, in-8, portr., br.

664. Confession réciproque, ou Dialogues du temps entre Louis XIV et le Père La Chaise, son confesseur. *Cologne, P. Marteau*, 1694, pet. in-12, br.

Cet ouvrage est attribué à Pierre Le Noble.

665. Histoire du ministère du cardinal Mazarin. *Amst., chez H. et Th. Boom*, 1671, 2 vol. pet. in-8, front. gr., v. br. (*Aux armes de P.-D. Huet, évêque d'Avranches.*)

666. Histoire de Louvois et de son administration politique et militaire jusqu'à la paix de Nimègue, par Camille Rousset. *Paris*, 1864, 4 vol. in-12, br.

667. Le Chancelier d'Aguesseau, sa conduite et ses idées politiques, par Francis Monnier. *Paris, Didier*, 1860, in-8, br. — L'Europe et les Bourbons sous Louis XIV, par Marius Topin. *Paris*, 1868, in-12, br.

668. Les Intrigues secrètes du duc de Savoye. *Venise, P. Dalphino* (*Hollande*), 1705. — Mémoires et Négociations de la cour de Savoye. *Basle*, 1705. — Les Cevenois secourus, ou l'Europe esclave. *Cologne, Jacques le Sincère*, 1704. — Oraison funèbre de ***, princesse Monarchie universelle. *Cologne*, 1705. — Réflexions sur la lettre du roi de France au cardinal de Noailles. *Cologne, P. Marteau*, 1702. — Lettre d'un catholique romain sur l'état présent des catholiques en Hollande. *Cologne, J. de La Hache*, 1704. — Ensemble 6 pièces en 1 vol. pet. in-12, vél.

669. Peruviana, par Claud.-Barth. Morisot. *Divione, Guyot*, 1645, in-4, parch.

Satire de l'histoire de France.

670. Les Conquêtes amoureuses du grand Alcandre, par Gatien de Courtilz de Sandraz. *Cologne, chez P. Marteau*, 1705, in-12, frontisp., v. f., fil., tr. dor.

Satire du règne de Louis XIV.

671. Le Duc de Saint-Simon et l'Historique de ses manuscrits, par Armand Baschet. *Paris*, 1874, in-8, eau-forte, br.

672. Mémoires pour servir à l'histoire des cours de Louis XIV, de la régence du duc d'Orléans, de Louis XV et à celle des 14 premières années du règne de Louis XVI. *Londres*, 1790, 4 vol. in-8, portr., dem.-rel.

673. Mémoires secrets sur le règne de Louis XIV, la Régence et le règne de Louis XV, par Duclos. *Paris*, 1864, 2 vol. in-12, br.

674. Mémoires du maréchal de Berwick, écrits par lui-même. *Paris*, 1778, 2 vol. in-12, v. m.

675. Mémoires de M. L. P. M. M. (la princesse Marie Mancini). *Cologne, P. Marteau*, 1676, pet. in-12, v. gr.

676. Mémoires de feu M. le duc de Guise. 2ᵉ édition. *Paris, Martin et Cramoisy*, 1668, in-12, dem.-rel.

677. Mémoires du duc de Guise. 2ᵉ édition. *Paris*, 1668, in-12, maroq. rou., compart., tr. dor. (*Rel. anc. fatiguée.*)

678. Mémoires de l'abbé de Choisy, pour servir à l'histoire de Louis XIV. *Utrecht*, 1727, 2 tomes en 1 vol. in-12, v. f., fil.

679. Mémoires de la cour de France, pour les années 1688 et 1689, par la comtesse de La Fayette. *Amst.*, 1742, in-12, v. m.

Edition originale.

680. Les Souvenirs de Mᵐᵉ de Caylus, publiés par Voltaire. *Amst., J. Robert (Genève)*, 1770, in-8, cart., non rog.

681. Mémoires de Hollande, par Mᵐᵉ la comtesse de La Fayette, publ. par Barbier. *Paris*, 1856, in-18, portraits, br. — Souvenirs de Mᵐᵉ de Caylus. *Paris*, 1860, in-12, portr., br.

682. Historiettes de Tallemant des Réaux. Mémoires pour servir à l'histoire du xviiᵉ siècle. 2ᵉ édit., précédée d'une notice sur l'auteur, etc., par Monmerqué. *Paris, Garnier*, 1861, 10 tom. en 5 vol. in-12, portr., dem.-v. v.

683. Curiosités historiques sur Louis XIII, Louis XIV, Louis XV, Mᵐᵉ de Maintenon, Mᵐᵉ de Pompadour, Mᵐᵉ du Barry, etc., par J.-A. Leroy. *Paris*, 1864, in-8, br.

6. — LOUIS XV.

684. Chronique de la Régence et du règne de Louis XV (1718-1763), par Barbier. *Paris*, 1866, 8 tomes en 4 vol. in-12, dem.-chagr. rou.

685. Journal de la Régence (1715-1723), par Jean Buvat, publ. par E. Campardon. *Paris*, 1865, 2 vol. in-8, br.

686. Mémoires de la Régence de S. A. Mgr le duc d'Orléans, durant la minorité de Louis XV, roi de France (par le chevalier de Piossens). *La Haye*, 1730, 3 vol. in-12, portr., v. m.

687. Journal et Mémoires de Mathieu Marais sur la Régence et le règne de Louis XV (1715-1737), publ. par M. de Lescure. *Paris*, 1868, 4 vol. in-8, br.

688. Siècle de Louis XV, par Arnoux Laffrey, pub. par Maton (de La Varenne). *Paris*, 1796, 2 vol. in-8, br.

689. La France sous Louis XV (1715-1774), par Alph. Jobez. *Paris*, 1864-73, 6 vol. in-8, br.

690. Lettres écrites à ses amis pendant ses voyages en France (1739-1775), par Horace Walpole, trad. par le comte de Baillon. *Paris*, 1872, in-8, br. — Lord Walpole à la cour de France, 1723-1730, par le comte de Baillon. *Paris*, 1868, in-12, br.

691. Correspondance secrète inédite de Louis XV, par E. Boutaric. *Paris*, 1866, 2 vol. in-8, br.

692. Correspondance de Louis XV et du maréchal de Noailles, par Camille Rousset. *Paris*, 1869, 2 vol. in-8, br.

693. Documents inédits sur le règne de Louis XV. Journal des inspecteurs de M. de Sartines. *Paris*, 1863, in-12, dem.-v. rose.

694. Vie de la reine de France Marie Leckzinska, princesse de Pologne, épouse de Louis XV, par l'abbé Proyart. *Paris*, 1802, in-12, v. rac. — Mesdames de France, filles de Louis XV, par Ed. de Barthélemy. *Paris*, 1870, in-12, br.

695. Mémoires sur la cour de Louis XV, par le duc de Luynes (1735-1758), pub. par Dussieux et E. Soulié. *Paris*, 1860-1865, 17 vol. in-8, dem.-chagr. brun.

696. Mémoires de la duchesse de Brancas sur Louis XV et Mme de Châteauroux. Edition augmentée d'une préface et de notes par Louis Lacour. *Paris, Jouaust* (*Acad. des biblioph.*), 1865, in-16, br.

Tiré à petit nombre.

697. Souvenirs de la marquise de Créquy (1710-1803). Nouvelle édit., revue, corrigée et augmentée. *Paris, Garnier, s. d.*, 10 tom. en 5 vol. in-12, portr., dem.-v. f., tr. j.

698. Lettres chinoises, ou correspondance philosophique, historique et critique entre un Chinois voyageur et ses correspondants. Nouv. édit. *La Haye*, 1755, 6 vol. in-12, v. m.

699. Tableau du siècle, par Laval. *Genève*, 1759, in-12, dérel.

700. Histoire du prince Apprius, par M. de Beauchamps, *Imprimé à Constantinople*, l'an 1728, in-12, v. m., fil.

Peu commun. Clef manuscrite à la fin du volume.

701. Mémoires secrets pour servir à l'histoire de Perse (par Pecquet). *Amst.*, 1745, in-12, v. m.

Edition originale.

702. Lettres turques, par de Saint-Foix, pub. par D. Jouaust. *Paris, Jouaust*, 1869, in-12, pap. vergé, dem.-maroq. bl., avec coins, tr. sup. dor., n. r.

703. Mémoires turcs, par Godart d'Aucourt. *Amsterdam*, 1776, 2 part. en 1 vol. in-12, fig., dem.-rel.

Violente satire contre la cour de France. Cette édition renferme une dédicace à la fameuse courtisane du Thé.

704. Les Sottises du tems, ou Mémoires pour servir à l'histoire générale et particulière du genre humain. *La Haye*, 1754, 2 tom. en 1 vol. in-12, mar. bl., tr. dor.

705. Le Gazetier cuirassé, ou Anecdotes scandaleuses de la cour de France. *Imprimé à cent lieues de la Bastille, à l'enseigne de la Liberté*, 1771, in-12, cart.

706. Amcrappii. Histoire grec (*sic*). *S. l.*, 1748, in-12, maroq. rou., large dent., tr.

Violente satire contre la cour de France. Clef manuscrite.

707. Maurice, comte de Saxe, et Marie-Josèphe de Saxe, dauphine de France. Lettres et documents inédits des archives de Dresde, publiés par le comte C.-F. Virthum d'Eckstaedt. *Leipzig*, 1867, gr. in-8, br.

708. Prinz Eugen von Savoyen, von Alf. Ritter von Arneth. *Wien*, 1864, gr. in-8, portr.

709. Souvenirs de Ch. Henri, baron de Gleichen, précédés d'une notice par Paul Grimblot. *Paris*, *Techener*, 1868, in-12, dem.-ch. rou., tr. sup. dor., n. r.

710. Mémoires de M. le duc de Choiseul, ancien ministre de la marine, de la guerre et des affaires étrangères. *A Chanteloup et à Paris*, 1790, 2 tom. en 1 vol. in-8, bas.

711. La Comtesse de Choiseul-Praslin. Histoire du temps de Louis XV, par P. L., bibliophile Jacob. *Paris*, 1841, 2 vol. in-8, dem.-v. f.

712. Correspondance complète de Mme du Deffand avec la duchesse de Choiseul, l'abbé Barthélemy et M. Craufurt. Publiée avec une introduction par le marquis de Saint-Aulaire. *Paris*, 1867, 3 vol. in-8, br.

713. Madame de Choiseul et son Temps, par M.-J. Grasset. *Paris*, 1874, in-8, br.— Choiseul et Pombal, par Paulin de Chamrobert. *Nevers*, 1836, br. in-8.

714. Le Comte de Gisors, 1732-1758, étude historique, par Camille Rousset. *Paris*, 1868, in-12, br. — Le Duc de Penthièvre, sa vie, sa mort (1725-1793), par Honoré Bonhomme. *Paris*, 1869, in-12, br.

715. Histoire de la guerre de 1741 (par Voltaire). *Amsterdam*, 1755, 2 vol. in-12, v. fil.

716. Etat de la création du régiment des gardes-françoises, avec un Etat des compagnies telles qu'elles étoient en 1600 et comme elles se trouvent aujourd'hui, de même qu'un détail de la paye des compagnies et les appointements de l'Etat-major, officiers et soldats. 1749. *Manuscrit* pet. in-18, maroq. rou., fil., tr. dor. (*Anc. reliure.*)

717. Mémoires sur la chevalière d'Eon, par Fréd. Gaillardet. *Paris*, *s. d.*, in-8, portr. photogr. d'après Latour, br.

718. Histoire d'un voyage littéraire fait en 1733, en France, en Angleterre et en Hollande, avec une lettre fort curieuse concernant les prétendus miracles de l'abbé Paris et les convulsions risibles du chevalier Folard (par Jordan). *La Haye*, 1735, in-12, bas.

Ouvrage renfermant de nombreux détails curieux sur les bibliothèques et les hommes de lettres de Paris.

719. Anecdotes secrètes du XVIIIe siècle, par Nougaret. *Paris*, 1808, 2 vol. in-8, cart., n. rog.

720. Le Parc aux cerfs, ou l'Origine de l'affreux déficit, par un zélé patriote. *A Paris, sur les débris de la Bastille*, 1790, in-8, portraits, figure, dem.-chagr. rou., av. coins, tr. sup. dor., n. r.

Violent pamphlet contre Louis XV et sa cour. Exemplaire bien complet.

721. Vie privée de Louis XV, par Moufle d'Angerville. *Londres*, 1781, 4 vol. in-12, dem.-bas.

722. Les Maîtresses de Louis XV, par Edmond et Jules de Goncourt. *Paris*, 1860, 2 vol. in-8, br.

723. L'Histoire de Mme la marquise de Pompadour, trad. de l'anglois. *Londres*, 1759, 2 part. en 1 vol. in-12, v. m.

724. Madame de La Vallière et Marie-Thérèse d'Autriche, femme de Louis XV, par l'abbé H. Duclos. *Paris*, 1869, 1 fort vol. in-8, br.

725. Capefigue. Gabrielle d'Estrées et la Politique de Henri IV. — Madame la comtesse du Barry. — Mademoiselle de La Vallière et les Favorites des trois âges de Louis XIV. — Louis XV et la Société du XVIIIe siècle. — Le Maréchal de Richelieu. *Paris*, 1854-59. — Ens. 4 vol. in-12, br.

726. Mémoires de la comtesse du Barry. *Paris*, 1829-30, 6 vol. in-8, dem.-bas.

727. Anecdotes sur Mme la comtesse du Barry. *Londres*, 1775, in-12, vél. à recouv.

728. Anecdotes sur Mme la comtesse du Barry. *Londres*, 1778, 2 part. — Lettres originales de Mme la comtesse du Barry. *Londres*, 1779, in-12, dem.-v. f.

Ces ouvrages sont attribués à Pidansat de Mairobert.

729. La Gazette de Cythère, ou Histoire secrète de Mme la comtesse du Barry. *Londres*, 1782, in-8, br. (*Mouill.*)

730. Nouvelles à la main sur la comtesse du Barry, par Emile Cantrel. *Paris*, 1861, in-8, portrait, br.

731. Le Comte de Clermont, sa cour et ses maîtresses. Lettres familières, recherches et documents inédits, publiés par

Jules Cousin. *Paris* (*Académie des bibliophiles*), 1867, 2 vol. pet. in-8, portr., pap. de Holl., br. (*Tiré à petit nombre.*)

7. — LOUIS XVI ET MARIE-ANTOINETTE

PRINCES ET PRINCESSES

732. Louis XVI et sa Cour, par Amédée Renée. 2ᵉ édit. *Paris, Firm. Didot*, 1858, in-8, dem.-ch. bleu, n. r.

733. Louis XVI peint par lui-même, ou correspondance et autres écrits de ce monarque, etc. *Paris*, 1817, in-8, v. rac., fil., tr. dor.

734. Mémoires de la baronne d'Oberkirch sur la cour de Louis XVI, publiés par le comte L. de Montbrison. *Paris*, 1869, 2 vol. in-12, br.

735. Règne de Richard III, ou Doutes historiques sur les crimes qui lui sont imputés, par Horace Walpole, trad. de l'anglais, par Louis XVI. *Paris*, 1800, in-8, front., cart. (*Rare.*)

736. Louis XVI, Marie-Antoinette et Madame Elisabeth, par Feuillet de Conches. *Paris*, 1864-69, 5 vol. in-8, br. — Correspondance de Madame Elisabeth de France, sœur de Louis XVI, publ. par le même. *Paris*, 1868, in-8, br.

737. Histoire de l'événement de Varennes, au 21 juin 1791, par le comte de Sèze. *Paris*, 1843, in-8, br. — La Vérité sur la fuite et l'arrestation de Louis XVI à Varennes, par E.-A. Ancelon. *Paris*, 1866, in-8, nombr. photogr., br.

738. Dernières Années du règne de Louis XVI, par François Hue. *Paris*, 1860, in-8, br. — Le Roi-Martyr, ou Esquisse du portrait de Louis XVI, par de Moulières. 2ᵉ édit. *Paris*, 1816, in-8, cart.

739. Marie-Antoinette, Joseph II und Leopold II, von Alf. Ritter von Arneth. *Leipzig*, 1866, in-8. — Maria-Theresia und Marie-Antoinette, von Alf. Ritter von Arneth. *Leipzig*, 1866, in-8, br.

740. Mémoires de Weber, concernant Marie-Antoinette, avec des notes et des éclaircissements historiques, par Berville et Barrière. *Paris*, 1822, 2 vol. in-2, v. rac., fil., tr. jaspée.

741. Souvenirs de Léonard, coiffeur de la reine Marie-Antoinette. *Paris*, 1838, 4 vol. in-8, dem.-ch. n.

742. Mémoires secrets et universels des malheurs et de la mort de la reine de France, par Lafont d'Aussonne. *Paris*, 1824, in-8, br. — Marie-Antoinette, Louis XVI et la Famille royale. *Paris*, *s. d.*, in-12, br.

743. Marie-Antoinette et le Procès du Collier, d'après la procédure instruite devant le Parlement de Paris, par Emile Campardon. *Paris*, 1863, in-8, br.

744. Marie-Antoinette à la Conciergerie (du 1er août au 16 octobre 1793), par Emile Campardon. *Paris*, *Gay*, 1844, in-12, dem.-maroq rou., tr. supér. dor., n. rog.

745. Marie-Antoinette et la Révolution française, recherches historiques, par le comte H. de Viel Castel. *Paris*, 1859, dem.-maroq. rou., tr. supér. dor., n. rog.

746. Correspondance inédite sur Louis XVI, Marie-Antoinette, la cour et la ville, de 1777 à 1792, par M. de Lescure. *Paris*, 1866, 2 vol. in-8, br. — La vraie Marie-Antoinette, par le même. *Paris*, 1863, in-8, portr., br.

747. Marie-Antoinette. Correspondance secrète entre Marie-Thérèse et le comte de Mercy-Argenteau, pub. par M. le chev. Alfred d'Arneth et M. A. Geffroy. *Paris*, 1874, 3 vol. in-8, br.

748. Vie de Louis XVI (par Paul Jones). *Londres*, 1790, in-8. — Essais historiques sur la vie de Marie-Antoinette. *Londres*, 1789, 2 parties in-8. — Ensemble 3 part. en 1 vol. in-8, dem.-chag. rou. (*Taches.*)

Ce dernier ouvrage est un violent pamphlet contre la Reine.

749. Procès des Bourbons, contenant des détails historiques sur la journée du 10 août 1792, les événements qui l'ont précédée, etc. *Paris*, 1798, 2 vol. in-8, fig. et portr., v. rac.

750. Mémoires relatifs à la famille royale de France pendant la Révolution, publiés d'après le journal, les lettres et les entretiens de la princesse de Lamballe, par une dame de qualité. *Paris*, 1826, 2 vol. in-8, portr., v. rac.

751. La Princesse de Lamballe, sa vie, sa mort, 1749-1792, par M. de Lescure. *Paris*, 1864, in-8, portrait, br.

752. La Monarchie française au XVIIIe siècle, par le comte L. de Carné. *Paris*, 1859, in-8, demi-chag. n.

753. L'Esprit public au XVIIIe siècle, par Aubertin. *Paris*, 1873, in-8, br. — La Société française et la Société anglaise du XVIIIe siècle, par Cornélis de Witt. *Paris*, 1864, in-12, br.

754. Affaire du Collier, mémoires inédits du comte de Lamotte-Vallois, sur sa vie et son époque, 1754-1830, pub. par Louis Lacour. *Paris*, 1858, in-12, pap. de Hollande, br. — Mémoire pour dame Jeanne de Saint-Remy de Valois, épouse du comte de La Motte, pour l'affaire du fameux Collier, par Doillot, avocat. *S. l.*, 1785, in-12, 71 p., dem.-bas. — Mémoires justificatifs de la comtesse de Valois de La Motte, écrits par elle-même. *Londres*, 1789, in-8, dem.-bas.

755. Mémoires relatifs à l'affaire du Collier. *Paris*, 1786, 2 vol. in-4, dem.-bas.

Exemplaire bien complet, avec tous les portraits.

756. Mémoires de Henri Masers de Latude. *Paris*, 1825, 2 tomes en 1 vol. in-8, portr., cart., n. rog. (*Rare.*)

Exemplaire sur papier de Chine. Tiré à petit nombre.

757. Histoire de l'action commune de la France et de l'Amérique pour l'indépendance des Etats-Unis, par G. Bancroft. Trad. par Ad. de Circourt. *Paris*, 1876, 3 vol. in-8, br. — Influence de la Révolution de l'Amérique sur l'Europe, par Condorcet. *Amst.*, 1786, br. in-8. (*Rare.*)

758. L'Espion anglois, ou Correspondance secrète entre milord All'eye et milord All'ear (par Pidansat de Mairobert). *Londres*, 1779, 10 vol. in-12, dem.-ch. rou.

759. La Galerie des Etats-Généraux (par le marquis de Luchet, le comte de Rivarol, le comte de Mirabeau et Choderlos de Laclos). *S. l.*, 1789, 2 vol. — Supplément à la Galerie de l'Assemblée nationale. *S. l.*, 1789. — La Galerie des dames françoises (par de Luchet, de Laclos et autres). *Londres*, 1790. — 4 part. en 1 vol. in-8, dem.-bas.

760. Le même ouvrage. 4 parties, v. porph., fil.

761. La Galerie des dames françaises, pour servir de suite à la Galerie des Etats-Généraux (par de Luchet, de Laclos et autres). — Galerie des aristocrates militaires, et Mémoires secrets (de la guerre de 1757) (par Dumouriez). *Londres*, 1790, 2 ouvr. en 1 vol. in-8, v. jasp., fil.

762. Description historique d'un monstre symbolique pris vivant sur les bords du lac Fagua, près Santa-Fé, par les soins de Francisco Xaveiro de Neunrios, comte de Barcelone et vice-roi du Nouveau-Mexique. Envoyé par un négociant du pays à un Parisien son ami. *A Santa-Fé*, 1784, in-8, 29 p., fig., dem.-v. f.

763. Lettres de l'un des ambassadeurs de Typoo-Saib, où il est beaucoup parlé des affaires du royaume de Gogo, avec l'Aventure de Gigi, prince du sang des rois de cet empire, et de quelques autres princes qui en sont ou qui n'en sont pas. (*Paris*), 1789, br. in-8.—Confession générale de S. Alt. Sér. le comte d'Artois, déposée, à son arrivée à Madrid, dans le sein du T.-R. P. dom Jérôme. Imprimée dans les décombres de la Bastille. *Paris*, 1789, br. in-8.

764. Vie privée ou Apologie du très-sérén. prince Monseigneur le duc de Chartres, par une société d'amis du prince. *A cent lieues de la Bastille*, 1784, in-8, dérel.

Violent pamphlet.

765. Les Culs des Jacobines visités par le peuple, la Mesure d'habits prise aux Jacobins. *S. l. n. d.* — Cahier des plaintes et doléances des dames de la Halle et des Marchés de Paris. *S. l.*, 1789.—Le Coup de grâce de l'aristocratie. *S. l. n. d.* — Motion curieuse des dames de la place Maubert. *Paris*, 1789. — Avis important d'une dame des Halles pour la diminution des vivres. *S. l. n. d.* — Le Goûter de la Courtille. *S. l. n. d.* — Lettre des dames de Paris aux officiers du camp. *S. l. n. d.* — Entretiens des politiques de la Halle sur les affaires présentes. *Aux Porcherons*, 1789. — Motions adressées à l'Assemblée nationale du sexe. *S. l.*, 1789. — Ensemble 9 pièces en 1 vol. in-8, br.

766. Mémoires inédits sur le XVIIIe siècle et la Révolution française, depuis 1756 jusqu'à nos jours, par madame la comtesse de Genlis. *Paris*, 1825, 8 vol. in-8, dem.-v. fauve.

767. Mémoires et Souvenirs de Charles Pougens, commencés par lui et continués par madame Louise B. de Saint-Léon.

Paris, 1834, in-8, br. — Souvenirs d'un page de la cour de Louis XVI, par le comte d'Hézecques. *Paris*, 1873, in-12, br.

768. Mémoires du duc de Lauzun, 1747-1783, publ. pour la première fois, avec les passages supprimés, les noms propres, par Louis Lacour. *Paris*, *Poulet-Malassis*, 1858, in-12, br.

769. Journal d'un ministre (le comte de Guernon-Ranville), publ. par M. Julien Travers. *Caen*, 1873, in-8, br.

770. Mémoires de Malouet, publiés par son petit-fils. *Paris*, 1868, 2 vol. in-8, portr., br.

771. Les mêmes. *Paris*, 1874, 2 vol. in-8, portr., br.

772. Mémoires du comte Miot de Mélito. *Paris*, 1873, 3 vol. in-12, br.

773. Mémoires historiques sur Louis XVII, roi de France et de Navarre, par Eckard, suivis de fragments historiques recueillis au Temple, par M. de Turgy, et de notes et pièces justificatives. *Paris*, 1818, in-8, portr., v. rac.

8. — RÉVOLUTION

774. Histoire de la Révolution française, par Thiers et Bodin. *Paris*, 1823-27, 10 vol. in-8, carte, br.

Première édition.

775. Histoire de la Révolution française, par Thiers. *Paris*, *Furne*, 1865, 2 vol. gr. in-8, illustrations de Yan' Dargent, cart. toile, chagr. rou. ébarb.

776. Histoire de la Révolution française, depuis 1789 jusqu'en 1814, par Mignet. *Paris*, 1861, 2 vol. in-12, br.

777. Histoire des Girondins, par A. de Lamartine. *Paris*, *Furne*, 1847, 8 vol. in-8, portraits, dem.-chagr. v.

778. Histoire de la Révolution française, par Louis Blanc. *Paris*, *s. d.*, 4 vol. in-4, illustrations de La Charlerie, cart. toile rou., tr. dor.

779. Documents relatifs à l'histoire de la Révolution française, extraits des Œuvres inédites de M. de Saint-Albin. *Paris*, 1873, gr in-8, portr., br.

780. Galerie historique de la Révolution française, 1797-99, par Albert Maurin. *Paris, s. d.*, 5 vol. gr. in-8, fig., dem.-v. vert.

781. Portraits (200). Personnages de la Révolution et de l'Empire, tirés sur papier de Chine. In-8.

782. Révolution française de 1789. Suite de 41 figures à la manière noire. In-8.

783. Oncken (Wilhelm). Ludwig Häusser's Geschichte der Französischen Revolution 1789-1799. *Berlin*, 1867, gr. in-8, br.

784. Becker (Bern.). Geschichte der revolutionnären Pariser kommune in den Jahren 1789 bis 1794. *Braunschweig*, 1875, in-8, br. (*Portrait de Marat.*)

785. Schmidt (Adolf). Pariser Zustände während der Revolutionszeit von 1789-1800. *Iena*, 1875, in-8, br.

786. Ranke (Leopold von). Ursprung und Beginn der Revolutionskriege 1791 und 1792. *Leipzig*, 1875, in-8, br.

787. Vivenot (Alf. Ritter von). Zur geschichte des Rastadter Congresses. *Wien*, 1871, in-8, br. — Helfert (Jos. Alex. Frhr. v.). Der Rastadter Gesandtenmord. *Wien*, 1874, in-8, br.

788. Mémoires sur la Révolution, le premier Empire et les premières années de la Restauration, par J.-Pierre Fleury, publ. par le R. P. dom Paul Piolin. *Paris*, 1874, in-8, br.

789. Histoire particulière des événements qui ont eu lieu en France pendant les mois de juin à septembre 1792, par de La Varenne. *Paris*, 1806, in-8, dem.-bas.

790. Souvenirs, portraits, épisodes de la Révolution et de l'Empire, par Ch. Nodier. *Paris*, 1865, 2 vol. in-12, br. — Le Dix-huitième Siècle et la Révolution française, par Nourrisson. *Paris*, 1863, in-12, br.

791. La Révolution, l'Empire et la Restauration, par Touchard-Lafosse. *Paris*, 1828, in-8, br. — Documents inédits

sur l'histoire de la Révolution française. Correspondance de Paris, Vienne, Berlin, Varsovie, Constantinople, publiée par Jules Lair et Emile Legrand. *Paris*, 1872, in-8, br.

792. Considérations sur les principaux événements de la Révolution française, par Mme la baronne de Staël. *Paris*, 1818, 3 vol. in-8, cart. à la Bradel.

793. Histoire de la Terreur, par Mortimer-Ternaux, 1792-1794. *Paris*, 1862-69, 7 vol. in-8, br.

794. Le Tribunal révolutionnaire de Paris, par Emile Campardon. *Paris*, 1866, 2 vol. in-8, fig. et fac-simile, br.

795. Histoire anecdotique du Tribunal révolutionnaire (17 août, 29 novembre 1792), par Charles Monselet. *Paris*, 1853, in-12, dem.-v. fauve.

796. Grand Monde et Salons politiques de Paris après la Terreur, par L. Lacour. *Paris*, 1860, in-12, tit. rou., dos et coins maroq. Lavall., tr. sup. dor., n. r.

797. Avant, pendant et après la Terreur, par Eug. de Mirecourt. *Paris*, 1866, 2 vol. gr. in-8, br.

798. Esquisses dramatiques du gouvernement révolutionnaire en France, aux années 1793, 1794 et 1795, par Ducancel. *Paris*, 1830, in-8, portr., cart., n. r.

799. Aventures de guerre au temps de la République et du Consulat, par Moreau de Jonnès. *Paris*, 1858, 2 vol. in-8, br.

800. Mémoires anecdotes pour servir à l'histoire de la Révolution française. *Paris*, 1801. — Anecdotes curieuses et intéressantes arrivées dans différentes villes de France pendant la Révolution (par M. F. Didot). *Paris*, 1814. — Le Comte de Lavagna, ou les Malheurs de l'ambition, roman historique, suivi de Sarah, nouvelle américaine, par M. E***. *Paris*, 1822. — 3 ouvr. en 1 vol. in-12, dem.-bas.

801. Histoire du Directoire de la République française, par de Barante. *Paris*, 1855, 3 vol. in-8, br.

802. Anecdotes secrètes sur le 18 fructidor, et nouveaux Mémoires des déportés à la Guyane, écrits par eux-mêmes, et faisant suite au Journal de Ramel. *Paris*, *s. d.*, in-8, figure. — De la Révolution du 18 fructidor an V, par Henri Lemaire. *Paris*, an VII. — 2 ouvr. en 1 vol. in-8, dem.-bas.

803. Journal de l'adjudant général Ramel. *Londres*, 1799. — Déportation et Naufrage de J.-J. Aymé, ex-législateur. *Paris, s. d.* — Ens. 2 ouvr. en 1 vol. in-8, v. m.

A la suite de ces deux ouvrages se trouve une liste alphabétique des déportés du 1er vendémiaire an VI.

804. Julie philosophe, ou le Bon Pasteur. Histoire d'une citoyenne qui a été tour à tour agent et victime dans les révolutions de la Hollande, du Brabant et de la France. *S. l.*, 1791, 2 vol. in-12, dos et coins v. f., tr. sup. dor., n. r.

805. Correspondance originale des émigrés, ou les Emigrés peints par eux-mêmes. *Paris*, 1793, 2 part. en 1 vol. in-8, frontisp. gr., cart.

806. Histoire des émigrés français, depuis 1789 jusqu'en 1828, par Antoine. *Paris*, 1828, 3 vol. in-8, dem.-v. f.

807. Liste générale des contre-révolutionnaires mis à mort à Commune-Affranchie. *A Commune-Affranchie*, an II, in-12, dem.-bas. (*Exemplaire fatigué. — Déchirure et raccommodage.*)

808. Inventaire des diamans de la couronne, perles, pierreries, tableaux, pierres gravées et autres monumens des arts et des sciences existans au garde-meuble, suivi d'un rapport par Delattre. *Paris*, 1791, 2 parties en 1 vol. in-8, v. porphyre, fil., tr. dor.

809. Choix de rapports, opinions et discours prononcés à la tribune nationale depuis 1789 jusqu'à 1792. *Paris*, 1818-20, 7 vol. in-8, dem.-toile, v.

810. Œuvres mêlées et posthumes de Fabre d'Eglantine. *Paris*, an XI, 2 vol. in-8, portr., br.

811. Histoire-Musée de la République française, par Challamel. *Paris, s. d.*, 2 vol. gr. in-8, illustrés, dem.-chagr. bl., n. rog.

812. Marat, l'ami du peuple, par Alfred Bougeart. *Paris*, 1865, 2 vol. in-8, br.

813. Mirabeau et la Constituante, par Hermile Reynald. *Paris*, 1873, in-12, br. — Histoire de la conjuration de Maximilien Robespierre, par Montjoie. *Paris*, 1795, in-8, dem.-rel.

814. Précis historique de la vie, des crimes et du supplice de Robespierre et de ses principaux complices, par le citoyen Desessarts. *Paris*, 1798, in-12, portrait, dem.-bas. — Capet et Robespierre, par Merlin de Thionville. *Paris*, *s. d.*, br. in-8.

815. De l'Origine et de la Forme du bonnet de la Liberté, par A.-E. Gibelin. *Paris*, an IV, in-8, dem.-v. fauve.

816. La Lanterne magique, ou Fléaux des aristocrates, étrennes d'un patriote. *Berne*, 1790, in-32, broché.

Orné de 12 jolies figures avant la lettre.

817. Calendrier du Père Duchesne, ou le Prophète Sac-à-diable, pour l'année 1791. *Paris*, 1791, in-12, fig., br.

818. Almanach national de France, année commune 1793. *Paris*, 1793, in-8, carte, v. m., fil., tr. dor.

819. Almanach de la Révolution. *Paris*, 1795, 1 feuille in-8 allongée, vignettes color.

820. Révolution de 1789. Affiches, ordonnances, décrets, etc. 39 pièces de divers formats.

821. La Jacobinéide, poëme héroï-comi-civique (par Marchant). *Paris*, 1792, in-8, figures, dem.-chagr. brun.

822. La Gazette noire, par un homme qui n'est pas blanc, ou Œuvres posthumes du Gazetier cuirassé. *Imprimé à cent lieues de la Bastille*, 1794, in-8, v. m.

823. Lettre (1re, 2e, 3e, 5e, 6e, 7e) bougrement patriotique de la Mère Duchesne à la Reine, sur le départ et arrestation de Mesdames. *Paris*, *s. d.*, ensemble 6 pièces in-8, cart.

824. Introduction aux Mémoires sur la Révolution française, par Grille. *Paris*, 1825, 2 vol. in-8, dem.-bas.

825. Mémoires secrets et inédits pour servir à l'histoire contemporaine, par Alph. de Beauchamp. *Paris*, 1825, 2 vol. in-8, dem.-v. f.

826. Mémoires de Louvet. — Mémoires de Dulaure. *Paris*, *Poulet-Malassis*, 1862, in-12, br. — Mémoires de Garat, avec préface par E. Maron. *Paris*, 1862, in-12, br.

827. Mémoires secrets de J.-M. Augeard, secrétaire des commandements de la reine Marie-Antoinette (1760-1800), publiés par Evariste Bavoux. *Paris*, 1866, in-8, br.

828. Mémoires, correspondance et manuscrits du général La Fayette, pub. par sa famille. *Bruxelles*, 1839, 2 vol. gr. in-8 à 2 col., br.

829. Mémoires d'un ministre du Trésor public, par Molien (1780-1815). *Paris*, 1845, 4 vol. in-8, br.

830. Mémoires de Mme de Mornay, pub. par Mme de Witt. *Paris*, *Renouard*, 1868, 2 vol. gr. in-8, br.

831. Portefeuille d'un talon rouge, contenant des anecdotes galantes et secrètes de la cour de France. *Paris*, 178*, in-12, dos et coins maroq. rou., tr. sup. dor., n. r.

Pamphlet dirigé contre Marie-Antoinette et sa cour.

832. Maladie de la duchesse de P***, qui a infecté la cour, Versailles et Paris. *S. d.*, 1789. — Petite Histoire d'une grande dame. — Agonie de Mme de P***. — Réponse à la confession de Mme de P. — Testament de Mme de P. — 5 pièces en un vol. in-8, dem.-v. rou.

Pièces rares.

9. — NAPOLÉON Ier

CONSULAT ET EMPIRE

833. Histoire du Consulat et de l'Empire, par Thiers. *Paris*, 1865-67, 5 vol. in-4, illustrés, cart. toile.

834. La Révolution et l'Empire, par M. le vicomte de Meaux (1789-1815). *Paris*, 1867, in-8, br.

835. Napoléon Ier et le roi Louis, par Félix Rocquain. *Paris*, 1875, gr. in-8, br.

836. Histoire de France sous l'Empire de Napoléon le Grand, représentée en figures, par A. David, d'après les dessins de Ch. Monnet. *Paris*, 1809, 2 vol. in-4, dem.-bas.

837. Histoire de l'Empereur Napoléon, par Laurent de l'Ardèche. Illustrée par Horace Vernet. *Paris*, 1839, gr. in-8, dem.-maroq. vert avec coins, n. rog. (*Bauzonnet-Trautz.*)

On a ajouté à cet exemplaire une lettre autographe de l'Empereur et une autre de Paul Barras.

838. Histoire de Napoléon, par de Norvins. Vignettes par Raffet. *Paris, Furne*, 1840, gr. in-8, illustré, dem.-ch. v.

839. Histoire de Napoléon, du Consulat et de l'Empire, par L. Vivien. *Paris, Penaud, s. d.*, gr. in-8, illustré, dem.-v. bl.

840. Histoire de l'Empereur Napoléon Ier, par Nic. Batjin. *Londres*, 1867, 2 vol. in-8, fig., cart. rou.

841. Mémoires sur la vie privée de Napoléon, sa famille et sa cour, par Constant, valet de chambre de l'Empereur. *Paris*, 1830, 6 tomes en 3 vol. in-8, dem.-v. f.

842. Les Cent Jours. Mémoires pour servir à l'histoire de la vie privée, du retour et du règne de Napoléon en 1815, par le baron Fleury de Chaboulon. *Londres*, 1820, 2 vol. in-8, dem.-v. bl.

843. Recueil de 39 pièces relatives au Roi de Rome et à l'Impératrice Joséphine. 2 vol. in-8, br.

Pamphlets. — Couplets piquants. — Oraisons funèbres. — Odes, etc.

844. Lettres de Napoléon à Joséphine, et Lettres de Joséphine à Napoléon. *Paris*, 1833, 2 vol. in-8, fac-simile, br.

845. Napoléon devant ses contemporains. 2e édit. *Paris*, 1827, in-8, dem.-v. v. — Mémoires pour servir à la vie d'un homme célèbre (Napoléon Ier), par M. M**. *Paris*, 1819, 2 tom. en 1 vol. in-8, bas. — Napoléon administrateur et financier, par sir François Ivernois. *Londres*, 1812, in-8, br.

846. La Lanterne magique. Histoire de Napoléon racontée par deux soldats, par Fréd. Soulié. Ornée de 50 vignettes, avec des annotations, par E. de La Bédollière. *Paris*, 1838, in-8, dem.-v. f.

847. Mémoires pour servir à l'histoire de l'empereur Napoléon, par le duc de Rovigo. *Paris*, 1828, 8 vol. in-8, dem.-rel.

848. Napoléon, sa famille, ses amis, ses généraux, ses ministres et ses contemporains, ou Soirées secrètes du Luxembourg, des Tuileries, de Saint-Cloud, de la Malmaison, de Fontainebleau, etc., par un ex-ministre de S. M. impériale et royale. *Paris*, 1840, 3 vol. in-8, portr., fig., dem.-v. rose.

849. Vie et Caractère de Napoléon Bonaparte, par Channing et Emerson, trad. de l'anglais par F. Van Meenen. *Bruxelles*, 1857, in-12, br. — La Vie et les Légendes intimes des deux empereurs, Napoléon Ier et Napoléon II, jusqu'à l'avénement de Napoléon III, par Collin de Plancy. *Paris*, 1867, in-8, br.

850. Pièces sur les grands événements arrivés en France depuis 1813 jusqu'à l'époque de l'abdication de Napoléon Bonaparte et le retour de la famille des Bourbons. *Paris*, 1814, in-8, dem.-toile rou.

851. Maria Louise Erzherzogin von Oesterreich Kaiserin der Franzosen. *Wien*, 1873, in-8, portr., br.

852. Autre exemplaire, br.

853. De l'Etat de la France sous la domination de Napoléon Bonaparte, par Pichon. *Paris*, 1814, in-8, dem.-rel. — Mémoires sur la cour de Louis Napoléon et sur la Hollande. *Paris*, 1828, in-8, br.

854. Histoire politique et militaire du prince Eugène Napoléon, vice-roi d'Italie, par le général de Vaudoncourt. *Paris*, 1828, 2 vol. in-8, portr., nombr. cartes, dem.-v. v.

855. Histoire secrète du cabinet de Napoléon Buonaparte et de la cour de Saint-Cloud, par Goldsmith. 3e édit. *Londres*, 1814, in-8, dem.-rel.

856. Bernadotte, ministre de la guerre, aux officiers de tout grade, maintenant en réclamation à Paris. *Paris*, *Impr. de la Républ.*, an VII, placard in-folio. (*Rare.*)

857. La Conspiration du général Malet, par Paschal Grousset. *Paris*, 1869, in-12, br. — Histoire des deux conspirations du général Malet, par Hamel. *Paris*, 1873, in-8, br. — Relation de l'assassinat tenté au sein du Conseil des Cinq-Cents sur le général Buonaparte. *Paris*, *s. d.*, 4 pag. in-8.

858. Pajol, général en chef, par le général de division comte Pajol, son fils aîné (1772-1844). *Paris*, 1844, 3 vol. gr. in-8, portr. et atlas gr. in-fol., br.

859. Histoire des Sociétés secrètes de l'armée, par Ch. Nodier. *Paris*, 1815, in-12, cart.

860. Histoire générale des prisons sous le règne de Buonaparte, avec des anecdotes sur la Conciergerie, Vincennes, Bicêtre, Sainte-Pélagie, la Force, etc., et les personnages marquans qui y ont été détenus. 2e édit. *Paris*, 1814, in-8, dér. — Témoignages historiques, ou Quinze Ans de haute police sous Napoléon, par Desmarest. *Paris*, 1833, in-8, dem.-v.

861. Le Moniteur secret, ou Tableau de la cour de Napoléon, de son caractère et de celui de ses agens, par Couchery. *Paris*, 1814, 2 vol. in-8, dem.-bas. rou.

862. Histoire secrète du cabinet de Napoléon Buonaparte et de la cour de Saint-Cloud, par Lewis Goldsmith. *Londres*, 1814, 2 tomes en 1 vol. in-8, cart.

863. Buonaparte, sa famille et sa cour, anecdotes secrètes sur quelques personnages qui ont marqué au commencement du XIXe siècle, par un chambellan forcé à l'être. *Paris*, 1816, 2 vol. in-8, dem.-v.

864. Mémoires sur l'intérieur du palais de Napoléon et sur celui de Marie-Louise, par de Bausset. *Paris*, 1829, 4 vol. in-8, portr., dem.-ch. v.

865. Guillaume le franc parleur, ou Observations sur les mœurs françaises au commencement du XIXe siècle, par M. de Jouy. *S. l. n. d.*, 2 tomes en 1 vol. in-12, dem.-toile. — Grand Monde et Salons politiques de Paris après la Terreur, par Louis Lacour. *Paris*, 1861, in-18, br.

866. Dictionnaire critique et raisonné des étiquettes de la cour, par Mme de Genlis. *Paris*, 1818, 2 vol. in-8, dem.-rel.

867. Etiquette du palais impérial. *Paris, Impr. imp.*, 1806, in-4, br. — Etiquette du palais impérial. *Paris, Impr. imp.*, 1808, in-18, br.

868. Almanach impérial pour l'année 1810, par Testu. *Paris*, 1810, in-8, maroq. vert, dent., tr. dor. (*Armoiries.*)

869. Les Mystères du monde, suite des Mystères du peuple, parallèle entre le 18 brumaire, coup d'Etat de Napoléon Ier, et le 2 décembre, coup d'Etat de Napoléon III. Œuvre pos-

thume, par Eug. Sue, continuée par Vésinier. *Berlin*, 1864, in-8, portr., br.

Rare en France.

870. RAMBAUD (Alfred). Les Français sur le Rhin (1792-1804). *Paris*, 1873. — L'Allemagne sous Napoléon Ier (1804-1811). *Paris*, 1874. — Ens. 2 vol. in-12, br.

871. Napoléon en Egypte, Waterloo et le Fils de l'homme, par Barthélemy et Méry. Edition illustrée par Horace Vernet et Hippolyte Bellangé. *Paris*, *s. d.*, grand in-8, dem.-chagr. rou., av. coins, tr. supér., dor., n. rog. (*Capé.*)

872. Histoire de l'expédition française en Egypte, par P. Martin. *Paris*, 1815, 2 vol. in-8, br. — Obeliscus. Bonaparti magno Italico. S. Dicavit, A. C. B. (*Paris*), *s. d.*, br. in-8.

873. Histoire du XIXe siècle. Directoire. Origine des Bonaparte, par J. Michelet. *Paris*, 1872, in-8, br.

874. L'Assassinat du dernier des Condé, démontré par la baronne de Feuchères et ses avocats, par Pélier de Lacroix. *Paris*, 1832, in-8, br. — Le Duc d'Enghien, d'après les documents authentiques, par L. Constant. *Paris*, 1869, in-12, br. — Le Maréchal Ney, d'après les documents authentiques, par G. d'Heilly. *Paris*, 1869, in-12, br.

875. Manuscrit de l'an III (1794-1795), par le baron Fain. *Paris*, 1828, in-8, cart.

876. Manuscrit de 1812 et de 1813, par le baron Fain. *Paris*, 1827-29, 4 vol. in-8, br.

877. Histoire de Napoléon et de la Grande Armée pendant l'année 1812, par le comte de Ségur. *Paris*, 1825, 2 vol. in-8, carte, cart. — Napoléon et la Grande Armée en Russie, ou Examen critique de l'ouvrage du comte Ph. de Ségur, par le général Gourgaud. *Paris*, 1825, in-8, dem.-v. br.

878. Opérations du neuvième corps de la Grande Armée en Silésie, sous le commandement en chef du prince Jérôme Napoléon, en 1806 et 1807, par A. du Casse. *Paris*, 1851, 2 vol. in-8, br., et atlas in-folio de 9 cartes.

879. Bulletins officiels de la Grande Armée, par Alexandre Goujon. *Paris*, 1824, 2 vol. in-8, dem.-bas. — La Grande Armée en 1813, par Camille Rousset. *Paris*, 1871, in-12, br.

880. Relation circonstanciée de la campagne de 1813 en Saxe, par le baron d'Odeleben. Traduit de l'allemand, par Aubert de Vitry. *Paris*, 1817, 2 vol. in-8, dem.-rel. (*Taché d'humidité.*)

881. Trophées des armées françaises depuis 1792 jusqu'en 1815. *Paris, chez Le Fuel, s. d.*, 6 vol. in-8, pap. vél., nombr. fig., portr., dem.-v. r.

882. Helfert (Jos. Alex. Frhr. v.). Napoléon I. Fahrt von Fontainebleau nach Elba. Avril-mai 1814. *Wien*, 1874, in-8, br.

883. Souvenirs militaires. Napoléon à Waterloo, ou Précis rectifié de la campagne de 1815, par un ancien officier de la garde impériale. *Paris*, 1866, in 8, br. — Histoire du XIXe siècle jusqu'à Waterloo, par J. Michelet. *Paris*, 1875, in-8, br.

884. Histoire de la campagne de 1815, par Edgar Quinet. *Paris*, 1862, in-8, br. — Histoire de la dernière capitulation de Paris, par le baron Ernouf. *Paris*, 1859, in-8, br.

885. Mémoires pour servir à l'histoire de la vie privée, du retour et du règne de Napoléon en 1815, par Fleury de Chaboulon. *London*, 1820, 2 vol. in-8, dem.-bas. — Relation des événements qui se sont passés en France depuis le débarquement de Napoléon Buonaparte, au 1er mars 1815, jusqu'au traité du 20 novembre, par miss Helena-Maria-Williams. *Paris*, 1816, in-8, v. gran., fil. — Napoléon à l'île d'Elbe, par Amédée Pichot. *Paris*, 1873, in-8, fig., br. — Memoirs of Em. Aug. Dieud. count de Las Casas, communicated by Himself. *London*, 1818, in-8, cart., n. r.

886. Le Prisonnier de Sainte-Hélène, par J.-Aug. Vallat. *Meiningen*, 1870, in-12, br. — Facts, illustrative of the treatment of Napoléon Buonaparte in Saint Helena. *London*, 1819, in-8, fig. color., cart., n. r.

887. Las-Cases. Mémorial de Sainte-Hélène, suivi de Napoléon dans l'exil, par MM. O'Méara et Antomarchi. *Paris*, 1842, 2 vol. gr. in-8, illustrations sur pap. de Chine, par Charlet, dem.-chagr. bl., tr. supér. dor., n. rog. — Las-Cases. Mémorial de Sainte-Hélène. Illustré de 120 dessins par Janet-Lange et Gustave Janet. *Paris, s. d.*, in-4, br.

888. Histoire des Cent-Jours, ou Dernier Règne de l'empereur Napoléon, traduit de l'anglais de Hobrouse. *Paris*, 1819, in-8, dem.-v. — Histoire de la révolution du 20 mars 1815, ou 5e et dernière partie de l'histoire du 18 brumaire et de Buonaparte, par Gallais. *Paris*, 1815, in-8, dem.-rel. — Le Traité de Paris du 20 novembre 1815, par Sorel. *Paris*, 1873, in-8, br.

889. Recueil sur les événements de 1814-15. Environ 50 pièces en 1 vol. in-4, cart. (*Défectueux.*)

Journaux, proclamations, chansons, etc.

890. Mémoires et Correspondance politique et militaire du prince Eugène, pub. par A. du Casse. *Paris*, 1858-60, 10 vol. in-8, br.

891. Mémoires et Correspondance politique et militaire du roi Joseph, pub. par A. du Casse. *Paris*, 1856-57, 10 vol. in-8, br. — Histoire des négociations diplomatiques relatives aux traités de Morfontaine, de Lunéville et d'Amiens, pour faire suite aux Mémoires du roi Joseph, pub. par A. du Casse. *Paris*, 1855, 3 vol. in-8, br.

892. Mémoires du maréchal de Grouchy. *Paris*, 1873, 5 vol. in-8, br. — Le maréchal Grouchy, du 16 au 19 juin 1815, avec documents historiques inédits et réfutation de M. Thiers. *Paris*, 1864, in-12, br.

893. Mémoires du maréchal Marmont, duc de Raguse, de 1792 à 1841, imprimés sur le manuscrit original de l'auteur. *Paris*, *Perrotin*, 1857, 9 vol. in-8, portr. n. et color., fac-simile, dem.-ch. bl.

894. Mémoires du comte Beugnot, pub. par le comte Albert Beugnot, son petit-fils. *Paris*, 1868, 2 vol. in-8, br.

895. Mémoires politiques et Correspondance diplomatique de J. de Maistre, pub. par A. Blanc. *Paris*, 1858, in-8, dem.-v. ant. — Correspondance diplomatique de J. de Maistre (1811-1817), pub. par A. Blanc. *Paris*, 1861, 2 vol. in-8, br.

896. Mémoires et Souvenirs du général Lamarque, publiés par sa famille. *Paris*, 1835, 3 vol. in-8, portr., dem.-rel. toile.

897. Histoire et Mémoires du comte de Ségur. *Paris*, 1873, 7 vol. in-8, portr. photo., br.

898. Souvenirs militaires et intimes de 1793 à 1853, par le général vicomte de Pelleport, pub. par son fils. *Paris*, 1857, 2 vol. in-8, portr., br.

899. Mémoires d'une contemporaine, ou Souvenirs d'une femme sur les principaux personnages de la République, du Consulat, de l'Empire. *Paris*, 1828, 8 vol. in-8, cart., n. rog.

900. Mémoires de Robert Guillemard, sergent en retraite, suivis de documents historiques, la plupart inédits, de 1805 à 1823. *Paris*, 1826, 2 vol. in-8, dem.-v. f.

901. Louis-Philippe d'Orléans, ex-roi des Français. Mon journal. Evénements de 1815. *Paris*, 1849, 2 vol. in-12, br.

10. — LOUIS XVIII, CHARLES X

902. Bibliothèque historique, ou Recueil de matériaux pour servir à l'histoire du temps. *Paris*, 1818, 14 vol. in-8, dem.-bas.

903. Histoire des deux Restaurations, jusqu'à l'avénement de Louis-Philippe, de janvier 1813 à octobre 1830, par Vaulabelle. *Paris*, 1874, 10 vol. in-8, figures, portr., dem.-chagr. bl.

904. Histoire de la Restauration, par Louis de Viel-Castel. *Paris*, 1860-74, 17 vol. in-8, br.

905. Histoire de la Restauration, ou Précis des règnes de Louis XVIII et Charles X, par Rittiez. *Paris*, 1853, 2 vol. in-8, br.

906. Règne de Louis XVIII, ou Histoire politique et générale de l'Europe depuis la Restauration, par Barbet du Bertrand. *Paris*, 1825, 2 vol. in-8, portr., dem.-v.

907. Les Erreurs militaires de M. de Lamartine. Examen critique de son Histoire de la Restauration, par du Casse. *Paris*, 1853, in-8, br. — Politique de la Restauration en

1822 et 1823, par le comte de Marcellus. *Paris*, 1853, in-8, br.

908. Le Moniteur universel. Nos 1 à 20, en un vol. in-4, cart.

Moniteur dit de Gand. — Peu commun.

909. Mémoires sur la Restauration, par la duchesse d'Abrantès. *Paris*, 1835, 6 vol. in-8, dem.-v. v.

910. Mémoires ou Souvenirs sur Napoléon, la Révolution, le Directoire, le Consulat, l'Empire et la Restauration, par la duchesse d'Abrantès. 2e édit. *Paris*, 1835, 12 vol. in-8, dem.-v. f.

911. Histoire des salons de Paris, par la duchesse d'Abrantès. *Paris*, 1827-28, 6 vol. in-8, br.

912. Précis chronologique et anecdotique du règne de Louis XVIII, depuis le mois d'avril 1814 jusqu'au mois de novembre 1815. *Paris*, *s. d.*, in-8, dér. — Lettres et Instructions de Louis XVIII au comte de Saint-Priest, précédées d'une notice, par de Barante. *Paris*, 1845, in-8, br.

913. Politique. Recueil de pièces, en un vol. in-8, dem.-rel.

Kératry. Documents nécessaires pour l'intelligence de l'histoire de France, en 1820. — Lacretelle. Panorama, 1820. — Tableau de Paris, par J. J. E. R., 1820. — Histoire de la session de 1819, par L***, 1820. — Qui nommerons-nous? 1820. — Dumoulin. Lettre sur la censure des journaux. — Argout. Observation sur l'écrit publié par M. Clausel de Coussergues contre le duc Decazes. 1820, etc.

914. Dictionnaire des girouettes, par le comte Proisy d'Eppe. *Paris*, 1815, in-8, figure, br.

915. Souvenirs de ma jeunesse, au temps de la Restauration, par le comte L. de Carné. *Paris*, 1872, in-8, br. — Réponse au Mémoire de M. Carnot, adressé à Louis XVIII, roi de France, par Effimovitch. *Saint-Pétersbourg*, 1815, broch. in-8.

916. Histoire de mon temps, par de Beaumont-Vassy. *Paris*, 1864, 6 vol. in-8, portr., br.

917. Mémoires d'outre-tombe, par de Chateaubriand. *Paris*, *Dufour-Mulot*, 1860, 6 vol. gr. in-8, illustrés, dem.-chagr. br.

918. Mémoires et Souvenirs d'un pair de France, ex-membre du Sénat conservateur. *Paris*, 1829, 4 vol. in-8, cart.

919. Mémoires d'une femme de qualité sur Louis XVIII, sa cour et son règne. 2e édit. *Paris*, 1830, 6 vol. in-8, cart.

920. Soirées de S. M. Charles X, recueillies et mises en ordre par le duc de ***. *Paris*, 1836, 2 vol. in-8, dem.-v.

921. Récit historique des événements qui se sont passés dans l'administration de l'Opéra, la nuit du 13 février 1820 (assassinat du duc de Berry), par Roulet. *Paris*, 1862, in-18, br.

922. Anecdotes du XIXe siècle, par Collin de Plancy. *Paris*, 1822, 2 vol. in-8, dem.-v. bl. — Petit Dictionnaire libéral. *Paris*, 1823, in-12, cart.

923. Mélanges politiques (1815-1831). 12 pièces en un vol. in-8, dem.-v. ant.

Rapport sur l'état de la France fait au roi, par le vicomte de Chateaubriand. — Du Gouvernement occulte, par Madier de Montjau. — Pétitions de Madier de Montjau. — De l'Hérédité de la pairie, par Plougoulm. — Réponse à M. de Chateaubriand, par M. Plougoulm. — Observations sur l'institution de la Chambre des pairs et sur l'hérédité des titres. — Considérations sur l'ordre de Malte. — Le Perfectionnement de la loterie de France, d'Europe et d'Amérique. — Considérations sur les finances de France et des Etats-Unis. — Lettre sur la censure et les journaux. — Péril de situation, 14 octobre 1831 (par Cabet). — Les Sociétés secrètes jugées par Washington.

924. Mémoires secrets et Témoignages authentiques, par J. de Marnay. *Paris*, 1875, in-8, br. (*Neuf.*)

Chute de Charles X, royauté de Juillet, 24 février 1848.

11. — LOUIS-PHILIPPE

925. Histoire du règne de Louis-Philippe Ier, roi des Français, par de Nouvion (1830-1848). *Paris*, 1857, 4 vol. in-8, br.

926. Histoire de Louis-Philippe d'Orléans et de l'orléanisme, par Crétineau-Joly. *Paris*, 1862, 2 vol. in-8, br.

927. Le roi Louis-Philippe. Liste civile, par le comte de

Montalivet. *Paris*, 1851, in-8, portr., br. — Un Projet de mariage royal, par Guizot. *Paris*, 1863, in-12, br.

928. Correspondance complète de Mme la duchesse d'Orléans, pub. par G. Brunet. *Paris*, 1864, 2 vol. in-12, br.

929. Maria-Stella, ou Echange criminel d'une demoiselle du plus haut rang contre un garçon de la condition la plus vile. *Paris*, 1830, in-8, br. (*Piqûres d'humidité.*)

Violent pamphlet contre la famille d'Orléans.

930. Révélations d'une femme de qualité sur les années 1830 et 1831. *Paris*, 1831, 2 vol. in-8, cart., n. r.

931. Histoire de dix ans, par Louis Blanc (1830-1840). 11e édit., augm. de nouv. documents diplomatiques. *Paris, Pagnerre, s. d.*, 5 vol. in-8, portr., dem.-ch. r.

932. Histoire de la conquête de l'Algérie de 1830 à 1847, par M. de Mont-Rond. *Paris*, 1847, 2 tom. en 1 vol. in-8, dem.-bas. v.

933. Les Salons de Paris et la Société parisienne sous Louis-Philippe. *Paris*, 1866. — Les Salons de Paris et la Société parisienne sous Napoléon III. *Paris*, 1866. 2 vol. in-12, portraits (22), br.

934. Un Bal chez Louis-Philippe, par l'abbé Tiberge. *Paris*, 1831, 2 vol. in-12, br.

935. Nouveaux Mémoires d'un bourgeois de Paris, par le docteur L. Véron. *Paris*, 1866, in-8, br.

936. Quelques Pages du passé pour servir d'enseignement au présent et d'avertissement à l'avenir, par Théodore Anne. *Paris*, 1851, in-12, dem.-chagr. rou.

937. Physiologie de la poire, par Louis Benoît, jardinier. *Paris*, 1832, in-8, br.

Satire du roi Louis-Philippe.

938. Histoire du Gouvernement provisoire, par Elias Régnault. *Paris*, 1850, in-8, br. — Mémoires historiques, par Mignet. *Paris*, 1859, in-12, br.

939. Mémoires pour servir à l'histoire de mon temps, par Guizot. *Paris*, 1861-67, 8 vol. in-8, dem.-v. fauve.

940. Souvenirs contemporains d'histoire et de littérature, par Villemain. *Paris*, 1862-74, 2 vol. in-8, br.

941. Mémoires posthumes d'Odilon-Barrot. *Paris*, 1875, 2 vol. in-8, br.

942. Mes Mémoires (1826-1848), par le comte d'Althon Shée. *Paris*, 1869, 2 vol. in-8, br.

943. Mémoires de M. de La Rochefoucauld. *Paris*, 1861-64, 15 vol. in-8, br.

944. Mémoires de la marquise de La Rochejaquelein. *Paris*. 1860, 2 vol. in-12, illustrations d'Andrieux, br.

945. Histoire de la Révolution de février, par Alfred Delvau. *Paris*, 1850, in-8, br.

946. Histoire de la République de 1848. Gouvernement provisoire, Commission exécutive, Cavaignac. 24 février-20 décembre 1848, par Victor Pierre. *Paris*, 1873, in-8, br.

947. Mélanges. 10 pièces en 1 vol. in-8, dem.-chagr. n.

La Constitution de l'avenir.— Un Mot à Félix Pyat. — De la Liberté scientifique. — Les Aberrations de M. Thiers. — Divers projets de décret. — Discours prononcés par M. de La Rozière. — De la Représentation. — Notice sur les tableaux de batailles peints par le général Lejeune. — Mémoire sur l'empire d'Autriche, par Bratiano. — De la Conduite de la guerre d'Orient.

948. Mélanges. 19 pièces en 1 vol. in-8, dem.-chagr. n.

Storia delle legioni Polacchi. — Biographies de Cavaignac, de Barbès, de Raspail. — L'Etablissement de la République en France. — La Question des ouvriers. — Lettre à Louis Blanc, etc.

12. — NAPOLÉON III

950. Histoire du second Empire, par Taxile Delort. *Paris*, 1869, 6 vol. in-8, br.

951. Dix Ans d'impérialisme en France, impression d'un flâneur. *Paris*, 1853, in-8, br. — L'Empire, les Bonaparte et la Cour, documents nouveaux sur l'histoire du premier et du second Empire, par Jules Claretie. *Paris*, 1871, in-12,

br. — Deux Empereurs, 1870-71, par Wolff. *Bruxelles*, 1871, in-12, br.

952. Papiers et Correspondance de la famille impériale. *Paris*, 1871, 2 vol. in-12, br. — Papiers sauvés des Tuileries. suite de la Correspondance de la famille impériale. *Paris*, 1871, in-8, br. — Complément des Papiers et Correspondance de la famille impériale (Papiers secrets brûlés dans l'incendie des Tuileries). *Paris*, 1871, in-8, br.

953. TÉNOT (Eug.). Paris en décembre 1851. Etude historique sur le coup d'Etat. *Paris*, 1868. — La Province en décembre 1851. *Paris*, 1858. 2 vol. in-12, br.

954. Louis-Napoléon Bonaparte, la Suisse et le Roi Louis-Philippe, histoire contemporaine, par E. Lecomte. *Paris*, 1856, in-8, demi-bas. v. — Insurrection de Strasbourg, le 30 octobre 1836, et Procès des prévenus de complicité avec le prince Napoléon-Louis devant la Cour d'assises du Bas-Rhin. *Paris*, 1837, in-8, cart.

955. Très-simples Réflexions sur les tentatives plus ou moins folles de M. Louis Bonaparte, par Louis Mucènes. *Paris*, 1840, in-8, dem.-rel. toile. — Boulogne, d'après les documents authentiques, recueillis et mis en ordre par A. Fermé. *Paris*, 1869, in-12, br. — Procès du prince Napoléon-Louis et de ses co-accusés devant la Cour des pairs, par B. Saint-Edme. *Paris*, 1840, in-8, cart. — De la prison de Ham aux jardins de Wilhelmshoehe, par Emile Leclercq. *Bruxelles*, 1871, in-12, br.

956. Un peu plus de lumière sur les événements politiques et militaires de l'année 1866, par le général A. de La Marmora. *Paris*, 1874, in-8, br. — Histoire du Congrès de Paris, par Edouard Gourdon. *Paris*, 1857, in-8, br.

957. Les Deux Destinées, par A. Labutte. *Paris*, 1862, in-16, fig., br. — L'Année anecdotique. Petits Mémoires du temps, par Félix Mornand. *Paris*, 1860, in-12, br.

958. La Nouvelle Babylone, par Eugène Pelletan. *Paris*, 1863, in-8, br. — Dialogue aux Enfers entre Machiavel et Montesquieu, ou la Politique de Machiavel au XIXe siècle, par un contemporain. *Bruxelles*, 1865, in-12, br.

959. Histoire de la chute du second Empire, par Aug. Des-

champs. *Paris*, 1871, in-8, br. — La Liberté civile, par Jules Simon. *Paris*, 1867, in-12, br.

960. La France nouvelle, par Prévost Paradol. *Paris*, 1868, in-8, br. — Le Dernier des Napoléon. *Paris*, 1872, in-8, pap. vélin, br.

961. Rochefort (Henri). Les Français de la décadence. — La Grande Bohème, 2e série des Français de la décadence. *Paris*, 1867. 2 vol. in-12, br. — Lot de 18 brochures, pour et contre lui.

962. Histoire tintamarresque illustrée de Napoléon III, par Touchatout. *Paris*, 1874, gr. in-8, br.

963. L'Allemagne aux Tuileries, de 1850 à 1870, par Henri Bordier. *Paris*, 1872, in-8, br. — Rapports militaires écrits de Berlin, 1866-1870, par le colonel baron de Stoffel. *Paris*, 1871, in-8, br. — Ma Mission en Prusse, par le comte Benedetti. *Paris*, 1871, in-8, br.

964. La France et la Prusse avant la guerre, par le duc de Gramont. *Paris*, 1872, in-8, br. — Un Ministère de la guerre de vingt-quatre jours, du 10 août au 4 septembre 1870, par le général comte de Palikao. *Paris*, 1871, in-8, br.

965. Souvenirs du 4 septembre. Origine et chute du second Empire, par Jules Simon. *Paris*, 1874, in-8, br.

13. — GUERRE FRANCO-ALLEMANDE

SIÉGE DE PARIS

966. Campagne de 1870. Armée du Rhin, par le Dr F. Quesnoy. *Paris*, 1871, in-8, br. — Lettres diplomatiques. Coup d'œil sur l'Europe au lendemain de la guerre, par l'auteur des Lettres militaires. *Paris*, 1872, in-12, br.

967. La Guerre franco-allemande de 1870-71, rédigée par la section historique du Grand Etat-Major prussien, trad. par E. Costa de Serda, capitaine d'état-major français. *Paris*, 1872-74, 9 livraisons in-8, cartes, br.

968. Documents pour servir à l'histoire de la guerre de 1870-71. *Paris*, 1871, 9 broch. in-12.

969. Le Moniteur prussien de Versailles, par G. d'Heylli. *Paris*, 1872, 2 vol. gr. in-8, br.

970. Journal du siége de Paris, par G. d'Heylli. *Paris*, *s. d.*, 3 vol. gr. in-8, br.

971. Histoire diplomatique de la guerre franco-allemande, par Albert Sorel. *Paris*, 1875, 2 vol. gr. in-8, br.

972. Procès du maréchal Bazaine. *Paris*, 1874, 3 vol. in-4, br. — Procès Bazaine. Rapport du général Rivière. Edition complète. *Paris*, 1873, in-12, br.

973. Les Prussiens à Paris et le 18 Mars, par Charles Yriarte. *Paris*, 1871, in-8, br. — Bataille de Dorking. Invasion des Prussiens en Angleterre. Préface par Charles Yriarte. *Paris*, 1871, in-12, br.

974. Le Siége de Paris, par Francisque Sarcey. Illustré par Bertall. *Paris*, 1871, in-8, rel. toile chagr. bl., tr. dor.

975. Combats et Batailles du siége de Paris, septembre 1870 à janvier 1871, par Louis Jézierski. *Paris*, *s. d.*, gr. in-8, illustré, br.

976. L'Année terrible, par Victor Hugo, illustrations de Léopold Flameng. *Paris*, 1873, gr. in-8, br.

977. Nouvelle Lettre de Junius à son ami A. D. Révélations curieuses et positives sur les principaux personnages de la guerre actuelle. 2ᵉ édit. *Paris*, 1871, in-8, br.

978. Schneider. Pariser Briefe. *Leipzig*, 1872, 2 vol. in-8, br. (*Manque le 3ᵉ volume.*)

Récit d'un Allemand resté à Paris pendant le siége et la Commune.

979. Brunier (Ludwig). Deutschland und Frankreich. *Bremen*, 1873, in-8, br.

Ouvrage d'un descendant de famille française dirigé contre la France.

980. La Revanche fantastique, par L. Denay et E. Tassin. *Paris*, 1873, in-12, br. — Barbares et Bandits. La Prusse et la Commune, par Paul de Saint-Victor. *Paris*, 1872,

in-12, br. — La Bataille de Berlin en 1875. Souvenirs d'un vieux soldat de la landwehr, par Edouard Dangin. *Paris*, 1871, in-12, br. — La Grande Armée de 1880, par B. Saint-Marc. *Paris*, 1880 (*sic*), in-12, br.

14. — LA DÉFENSE NATIONALE, LA COMMUNE

981. La Diplomatie et le Second Empire. et celle du 4 septembre 1870, par Eug. de Poujade. *Paris*, 1871, in-12, br. — Histoire de la diplomatie du gouvernement de la Défense nationale, par J. Valfrey. *Paris*, 1871, 2 vol. grand in-8, br.

982. Gouvernement de la Défense nationale, par Jules Favre. *Paris*, 1872, 2 vol. in-8, br.

983. Assemblée nationale. Enquête parlementaire sur les actes du gouvernement de la Défense nationale. *Paris*, 1873, 9 vol. in-4, br.

984. Le Père Duchêne, par Vermesch. *Paris*, an LXXIX. nos 1 à 68.

985. Réimpression du Journal officiel de la Commune. *Paris*, 1871, in-4, br.

986. Souvenirs de l'hôtel-de-ville de Paris, par Ch. Merruau. *Paris*, 1875, in-8, carte, br.

987. La Délivrance de Paris. Récit complet des 8 journées de mai, par Jules Pau. *Paris*, 1871, br. in-12. — Les Leçons du 18 mars. Les faits et les idées, par Edmond de Pressensé. *Paris*, 1871, in-12, br.

988. Le Fond de la Société sous la Commune, par Dauban. *Paris*, 1873, in-8, grav. et fac-simile, br.

989. Geschichte der Pariser Revolution vom Jahre 1871, von Konrad Eggenschwnser. *Bern*, 1872, br. in-8.

990. Die Commüne von Paris, von Ludwig Wittig. *Stuttgard*, 1872, in-4 illustré, br.

15. — TEMPS CONTEMPORAINS

991. Mes Premières Années de Paris, par Auguste Vacquerie. *Paris*, 1872, in-8, br.

992. La Réforme intellectuelle et morale, par Renan. *Paris, Michel Lévy*, 1872, in-8, br. — De chute en chute, lettres d'un passant, par A. de Boissieu. *Paris*, 1872, in-12, br.

993. La France. Nos fautes, nos périls, notre avenir, par le comte A. de Gasparin. *Paris*, 1872, 2 vol. in-12, br. — La France, l'Étranger et les Partis, par G.-A. Heinrich. *Paris*, 1873, in-12, br.

994. Grandeur ou Déclin de la France. Questions des années 1874 et 1875, par Émile de Girardin. *Paris*, 1876, gros in-8, br.

995. Royalistes et Républicains. Essai historique sur les questions de politique contemporaine, par Thureau-Dangin. *Paris*, 1874, in-8, br.

996. L'Assemblée au jour le jour, du 24 mai au 25 février, par Camille Pelletan. *Paris*, 1875, in-12, br. — Politique actuelle, par Dupont-White. *Paris*, 1875, in-12, br.

Ville de Paris.

---

1. — TOPOGRAPHIE, HISTOIRE GÉNÉRALE

997. Essai sur la topographie physique et médicale de Paris, par Aubin Rouvière. *Paris*, an II, in-8, dem.-rel.

998. Histoire générale de Paris. Collection de documents fondée avec l'approbation de l'Empereur, par le baron

Haussmann, et publiée sous les auspices du Conseil municipal. Ensemble 6 vol. in-4, fig., cart.

Introduction, 1866, 1 vol. — Topographie historique du vieux Paris, par Adolphe Berty. Région du Louvre et des Tuileries. 1866-1868, 2 vol. — Paris et ses historiens aux XIVe et XVe siècles. Documents et écrits originaux recueillis et publiés par Le Roux de Lincy et Tisserand, 1 vol. — Les Anciennes Bibliothèques de Paris, par Alf. Francklin. Tome Ier, 1867, 1 vol. — Le Cabinet des manuscrits de la Bibliothèque impériale, par L. Delisle. Tome Ier, 1868.

999. Paris, ses organes, ses fonctions et sa vie, dans la seconde moitié du XIXe siècle, par Maxime Ducamp. 3e édition. *Paris*, 1875, 6 vol. gr. in-8, br.

1000. Voyage de Lister à Paris, en MDCXCVIII, traduit pour la première fois, publié et annoté par la Société des bibliophiles français. On y a joint des extraits des ouvrages d'Evelyn relatifs à ses voyages en France, de 1648 à 1661. *Paris, pour la Société des bibliophiles*, 1873, gr. in-8, pap. de Holl., br., n. r.

1001. Histoire physique, civile et morale de Paris, par J.-A. Dulaure. *Bruxelles*, 1825-28, 10 vol. in-8, fig. (85). — Histoire des environs de Paris, par le même. *Paris*, 1825-28, 7 vol. in-8, fig. — Ens. 17 vol. in-8, dem.-v. f.

1002. Histoire de Paris, depuis son origine jusqu'à nos jours, par Th. Muret. *Paris*, 1837, in-12, br. — Etudes sur l'histoire de Paris ancien et moderne, par Lucien Davesiès de Pontès, pub. par Paul Lacroix. *Paris*, 1871, in-12, br.

1003. Paris ancien et moderne, par de Marlès. *Paris*, 1837, 3 vol. in-4, fig., dem.-ch. Lav.

1004. Histoire civile, morale et monumentale de Paris, par Belin et Pujol. *Paris*, 1843, in-12, dem.-parch.

1005. Dictionnaire historique de Paris, par Béraud et Dufey. *Paris, Barba*, 1828, 2 vol. in-8, cartes et fig., dem.-v. br.

1006. Paris pendant la Révolution (1789-1798), ou le nouveau Paris, par Mercier. *Paris*, 1862, 2 vol. in-12, br.

1007. Dernier Tableau de Paris, ou Récit historique de la révolution du 10 août 1792, des causes qui l'ont produite, des événements qui l'ont précédée, et des crimes qui l'ont suivie, par Peltier. 3ᵉ édit. *Londres*, 1794, 2 vol. gr. in-8, portr., br., n. r.

Bel exemplaire.

1008. Autre exemplaire. *Londres*, 1794, 2 vol. in-8, portr., cart.

1009. London und Paris, von Erster Jahrgang. *Rudolstadt*, 1798-1810, 24 vol. in-8, cart.

1010. The Parisians, by Edw. Bulwer, with illustrations by Sydney Hall. *London, s. d.*, 4 vol. in-12, br.

1011. Annales de la cour et de Paris, par Sandras de Courtilz. *Cologne, P. Marteau*, 1739, 2 vol. in-12, v. fauve. (*Le titre du tome 2 est un peu rogné.*)

Exemplaire de Soubise.

1012. Paris en miniature, d'après les dessins du nouvel Argus (par le marquis de Luchet). *Amsterdam*, 1784, in-12, cart., n. rog. (*Rare.*)

1013. La petite Lutèce devenue grande fille, ouvrage où l'on voit ses aventures et ses révolutions depuis son origine jusqu'au 14 juillet 1790, l'époque de sa majorité et le jour du pacte fédératif, par Caraccioli. *Paris*, 1790, 2 part. en 1 vol. in-12, dem.-bas.

1014. Les Crimes de Paris (poëme). 2ᵉ édit. *Paris, s.d.* (1792), br. in-8.

Pièce rare, non citée par Barbier.

1015. Légendes du vieux Paris, par Amédée de Ponthieu. *Paris*, 1867, in-12, front. photog., br. — Notes sur Paris. Vie et opinions de Fréd.-Thomas Graindorge, par H. Taine. 3ᵉ édit. *Paris*, 1868, in-12, br.

1016. Enigmes des rues de Paris, par Edouard Fournier. *Paris*, 1860, in-12, br. — Chroniques et Légendes des rues de Paris, par le même. *Paris*, 1864, in-12, br.

2. — DESCRIPTIONS, GUIDES, ALMANACHS

1017. Description nouvelle de ce qu'il y a de plus remarquable dans la ville de Paris, par Brice. *Paris*, 1687, 2 tom. en 1 vol. in-12, v. (*Le haut du titre déchiré.*)

1018. Voyage pittoresque de Paris, ou indication de tout ce qu'il y a de plus beau dans cette grande ville en peinture, sculpture et architecture, par D***. *Paris*, 1749, in-12, v. m.

1019. Guide des amateurs et des étrangers voyageurs à Paris, par Thiéry. *Paris*, 1787, 2 vol. in-12, nombr. figures, v. m. (*Rare.*)

1020. Miroir historique, politique et critique de l'ancien et du nouveau Paris, par Prudhomme. *Paris*, 1807, 6 vol. in-18, fig., dem.-bas. rou. (*Manque le titre du tome Ier. — Mouillures.*)

1021. Description de Paris et de ses édifices, par Legrand de Landon. *Paris*, 1809, 2 vol. in-8, nombr. fig., br.

1022. Paris, tableau moral et philosophique, par Fournier-Verneuil. *Paris*, 1826, in-8, br.

1023. Tableau de Paris au XIXe siècle. *Paris*, 1834, 7 vol. in-8, dem.-bas. v.

1024. Paris-Londres, Keepsake français, 1837-38, nouvelles inédites illustrées par cinquante-deux vignettes. *Paris*, *Delloye*, 1837-38, 2 vol. gr. in-8, dem.-v. (*Piqûres d'humidité.*)

1025. Paris-Guide, par les principaux écrivains et artistes de la France. *Paris*, 1867, 2 gros vol. in-12, nombr. figures, dem.-chag. rou.

1026. Almanach parisien, pour 1785. *Paris*, *Duchesne*, 1785, 2 vol. in-18, plan et fig., br.

1027. Voyage de Paris à St-Cloud par mer, et Retour de St-Cloud à Paris par terre. 4e édit. *Paris*, 1754, in-12, pap. de Holl., tit. r. et n., carte, br. (*Réimpression*, 1865.)

3. — ANTIQUITÉS, MONUMENTS, CIMETIÈRES

1028. Paris démoli, mosaïque de ruines, par Edouard Fournier. *Paris*, 1854, in-12, br. (*Envoi d'auteur signé.*)

1029. Paris qui s'en va et Paris qui vient, par Léopold Flameng. *Paris*, *s. d.*, gr. in-4, jolies eaux-fortes, dem.-maroq. rou., avec coins, tr. sup. dor., n. rog.

1030. Les Canevas de Paris, ou Mémoires pour servir à l'histoire de l'hôtel du Roule, pub. par un étranger. *A la porte Chaillot, Yverdon, imprimerie philosophique*, 1866, in-12, pap. de Hollande, vign., br. (*Tiré à 100 exempl.*)

1031. Archives de la Bastille (1659-1681), par Ravaisson. *Paris*, 1866-73, 6 vol. in-8, br.

1032. Histoire de l'Inquisition française ou de la Bastille, par C. de Renneville. *Amst.*, 1724, 5 vol. in-12, fig., bas. jasp. (*Fort rogné.*)

1033. Mémoires sur la Bastille, par Linguet. *Londres*, 1783, in-8, frontisp. gr., br.

1034. Les Anciennes Maisons de Paris sous Napoléon III, par Lefeuve. Edition internationale. *Paris*, 1873, 5 vol. in-8 br.

1035. Le Théâtre des antiquitez de Paris, où est traicté de la fondation des églises et chapelles de la Cité, Université, etc., par du Breul. *Paris*, 1612, gr. in-8, vél.

1036. Dissertations sur l'histoire ecclésiastique et civile de Paris, par l'abbé Lebeuf. *Paris*, 1739, 3 vol. in-12, dem.-v.

1037. Calendrier historique et chronologique de l'Eglise de Paris, contenant l'origine des paroisses, abbayes, monastères, prieurés de Paris, par Le Fèvre. *Paris*, 1747, in-12, bas.

1038. Les Eglises et Monastères de Paris. Pièces en prose et en vers des IXe, XIIIe et XIVe siècles, publiées avec notes, par

H. Bordier. *Paris*, 1856, in-12, pap. vergé, dos et coins maroq. citr. du Levant, tr. sup. dor., n. r.

1039. La Vérité des miracles de M. de Pâris démontrée. *Paris, s. d.*, in-4, portr. et fig., v. br.

1040. Notes secrètes sur l'abbaye de Longchamps en 1768. *Paris*, 1870, in-32, br. — Les Cimetières de Paris, guide, par Théophile Astrié. *Paris*, 1865, in-18, plans color. et vign., br.

1041. Description des Catacombes de Paris, par Héricart de Thury. *Paris*, 1815, in-8, fig., v. v., fil., tr. j.

1042. Les grands Noelz nouveaulx, composés nouvellement en plusieurs langages sur le chant de plusieurs chansons nouvelles dont les noms s'ensuyvent. *Paris, pour Jehan Bonfons, s. d.*, pet. in-8 gothique, v. gr. (*Fort rogné; plus. ff. restaurés.*)

4. — POLICE, PRISONS, MŒURS

1043. Police sur les mendiants, les vagabons, les joueurs de profession, les intrigans, les filles prostituées. *Paris*, 1764. — Précis de l'ordre légal. *Amst.*, 1768. — 2 ouvr. en 1 vol. in-12, v. m., fil.

1044. Code de la police, ou Analyse des règlements de police, par Duchesne. *Paris*, 1761, in-12, v. m.

1045. Police de Paris dévoilée, par Manuel. *Paris*, an II, 2 vol. in-8, frontisp. gr., dem.-chagr. v.

1046. Le Livre noir de MM. Delavau et Franchet, ou Répertoire alphabétique de la police politique sous le ministère déplorable, ouvrage imprimé d'après les registres de l'Administration. *Paris*, 1829, 4 vol. in-8, dem.-rel. mar. br.

1047. La Police dévoilée, depuis la Restauration, par Froment. *Paris*, 1830, 3 vol. in-8, br.

1048. Les Mystères de la police. *Paris*, 1864, in-12, br. —

La Police pendant la Révolution et l'Empire. Deuxième partie des Mystères de la police. *Paris*, 1864, in-12, br.

1049. Mémoires de Gisquet (ancien Préfet de police), écrits par lui-même. *Paris*, 1840, 4 vol. in-8, dem.-v. fauve, n. rog.

1050. Mémoires de Gisquet (ancien Préfet de police), écrits par lui-même. *Bruxelles*, 1841, 4 tomes en 2 vol. in-12, dem.-cuir de Russie.

1051. Mémoires de Canler, ancien chef du service de sûreté. *Bruxelles*, 1864, in-12, br.

1052. Mémoires d'un ancien agent de police. *Paris*, 1868, séries 1 à 14, gr. in-8, br.

1053. Police. 8 brochures en 1 vol. in-8, dem.-v.

Considérations sur la police, par le général Berton. — Manuel de l'aristocratie. — Lettre de Benjamin Constant, procureur général de la Cour de Poitiers. — Petit Cours de jurisprudence littéraire, par Gouslin de la Salle. — Pièces relatives à la saisie de lettres et de papiers dans le domicile de MM. Goyet et Pasquier (du Mans), publié par Benjamin Constant. — Encore M. le comte Anglès, préfet de police. — Histoire de la première quinzaine de juin 1820, par Reymondin de Bèse. — Changement à la Constitution.

1054. Les Prisons de Paris sous la Révolution, par Dauban. *Paris*, 1870, gr. in-8, fig. (11), br.

1055. Almanach des prisons, ou Anecdotes sur le régime intérieur de la Conciergerie, du Luxembourg, etc., et sur les différents prisonniers qui ont habité ces maisons sous la tyrannie de Robespierre. *Paris*, an III, fig. — Tableau (1er, 2e et 3e) des prisons, pour faire suite à l'Almanach des prisons. *Paris*, *s. d.*, 3 vol., fig. — Ens. 4 tomes en 2 vol. in-18, bas.

1056. Histoire du Palais-Royal. *S. l. n. d.*, pet. in-12, parch.

Édition originale imprimée en Hollande, vers 1667. Ce livre rare a été depuis contrefait.

1057. Les Sultanes nocturnes et ambulantes de la ville de Paris, contre les réverbères. *A la Petite-Vertu*, 1768, in-8, cart.

1058. Tarif des filles du Palais-Royal, lieux circonvoisins et autres quartiers de Paris, avec leurs noms et demeures. *S. l. n. d.*, 2 broch. in-8.

1059. Les demoiselles du Palais-Royal aux Etats-Généraux. — Réponse des Etats-Généraux aux demoiselles du Palais-Royal. Ressource qui reste aux demoiselles du Palais-Royal, ensuite de la réponse des Etats-Généraux à leur requête. — Police à établir sur le scandale de la trop grande publicité des femmes prostituées. *S. l. n. d.* (*Paris*, 1789). — Ensemble 4 pièces in-8, br. (*Rares.*)

1060. Pétition de deux mille cent filles du Palais-Royal à l'Assemblée nationale. — Requête des filles de Paris à l'Assemblée nationale. *Paris*, 1790, br. in-8.

1061. Les noms des plus belles filles de Paris qui veulent se marier, avec leurs goûts, leurs caprices, leurs rendez-vous et promenades d'habitude. *Se trouve chez la citoyenne Prevost, rue de La Harpe* (*Paris*, vers 1790), in-8, dem.-mar. Lavall.

1063. Déclaration de la mode, portant règlement sur les promenades du boulevard. *L'an XIII des Bilboquets* (*Paris, s. d.*), in-12, vél.

1064. Les Filles publiques de Paris et la Police qui les régit, par F.-F.-A. Béraud. *Paris*, 1839, 2 vol. in-12, br.

1065. Les Filles publiques de Paris et la Police qui les régit. Précédé d'une étude sur la prostitution chez les divers peuples de la terre, par Béraud. *Paris*, 1839, 2 vol. in-8, dem.-v. f.

1066. Mémoires tirés des archives de la police de Paris, depuis Louis XIV, par Peuchet. *Paris*, 1838, 6 vol. in-8, dem.-v. bl. (*Mouill.*)

1067. Mémoires curieux sur la prostitution en France (époque de Louis XIII), par P. Dufour. *Paris*, 1854, in-8, br. — De la Prostitution dans la ville d'Alger. *Paris*, 1853, in-8, br.

1068. De la Prostitution dans la ville de Paris, par Parent-Duchatelet. *Paris*, 1857, 2 forts vol. in-8, br.

1069. Paris malade, esquisses du jour, par Eugène Roch. *Paris*, 1832, in-8, br.

5. — USAGES, COUTUMES, MÉTIERS

1070. Histoire anecdotique des barrières de Paris, par Alfred Delvau. Avec 10 eaux-fortes par Emile Thérond. *Paris*, 1865, in-12, dem.-maroq. bleu, avec coins, fil., tr. sup. dor., n. r.

1071. L'ancien boulevard du Temple, par Challamel. Avec deux eaux-fortes, par Péquégnot. *Paris, s. d.*, pet. in-12, pap. de Chine, br.

Tiré à petit nombre.

1072. Les Carrosses à cinq sols, ou les Omnibus du XVIIe siècle, pub. par de Monmerqué. *Paris, Didot*, 1828, in-12, br.

1073. Les Lanternes, histoire de l'ancien éclairage de Paris, par Edouard Fournier. *Paris*, 1854, in-8, br.

1074. Les Cercles de Paris (1828-1864), par Ch. Yriarte. *Paris*, 1864, gr. in-8, br.

1075. Les Astuces de Paris; anecdotes parisiennes, dans lesquelles on voit les ruses que les intriguans et certaines jolies femmes mettent communément en usage pour tromper les gens simples et les étrangers, par Nougaret. *Londres*, 1775, 2 part. en un 1 vol. in-12, dem.-rel.

1076. Les Astuces et les Tromperies de Paris, ou Histoire d'un nouveau débarqué, par Nougaret. *Paris, an VII*, 3 tomes en 1 vol. in-18, dem.-v. fauve, n. rog.

1077. Recueil de facéties parisiennes pour les six premiers mois de l'an 1760, in-8, v. m.

Mémoire pour le sieur Gaudon, entrepreneur des spectacles sur les boulevards de Paris, contre le sieur Ramponeau, ci-devant cabaretier à la Courtille. — Plaidoyer de Ramponeau prononcé par lui-même devant les juges. — Le Pauvre Diable, ouvrage en vers aisés de feu M. Vadé, mis en lumière par Catherine Vadé, sa cousine. — Relation de la maladie, de la confession, de la mort et de l'apparition du R. P. Bertier, avec la relation du voyage de frère Garassise, etc.

1078. Les Petits-Paris illustrés, par Andrieux. *Paris*, 1851-56, 27 broch. in-18.

1079. Paris ridicule et burlesque au XVIIe siècle, par Claude Le Petit, Berthod, Scarron, François Colletet, Boileau, etc., nouv. édit., pub. par P.-L. Jacob, bibliophile. *Paris*, 1859, in-12, pap. vergé, dem.-chagr. rou. av. coins, tr. sup. dor., n. rog.

1080. Paris grotesque, les célébrités de la rue, par Charles Yriarte (1851 à 1863). *Paris*, 1864, in-8, figures, dem.-chagr. n.

1081. Personnages célèbres dans les rues de Paris, depuis une haute antiquité jusqu'à nos jours, par Gouriet. *Paris*, 1811, 2 vol. in-8, fig., dem.-maroq. bl., n. rog.

1082. Paris, poëme humouristique, par Amédée Pommier. *Paris*, 1866, in-12, br.

1083. Du Commerce de la boucherie et de la charcuterie de Paris, et des Commerces qui en dépendent, par Bizet. *Paris*, 1847, in-8, br.

1084. Les Mystères de la boucherie et de la viande à bon marché, par E. Blanc. *Paris*, 1857, in-8, br.

1085. Dictionnaire de la langue verte, argots parisiens comparés, par Alfred Delvau. 2e édit. *Paris*, 1867, in-12, br.

1086. Dictionnaire historique, étymologique et anecdotique de l'argot parisien, par Lorédan Larchey. *Paris*, 1872, in-4, illustrations de J. Férat et Ryckebusch, pap. vergé, br.

Tiré à 100 exemplaires.

1087. Dictionnaire historique, étymologique et anecdotique de l'argot parisien, par Lorédan Larchey, illustrations par J. Ferat et Ryckebusch. *Paris*, 1872, in-4, dem.-maroq., avec coins, tr. sup. dor, n. rog. (*Brany*.)

Exemplaire en grand papier.

1088. Bibliographie historique et topographique de la ville de Paris, par Girault de Saint-Fargeau. *Paris*, 1847, in-8, 47 p., br.

6. — CHRONIQUES PARISIENNES

1089. Ancelot (Mme). Un Salon de Paris (1824-1864). *Paris*, 1864, in-12, br.

1090. Delvau (Alfred). Le Grand et le Petit Trottoir. *Paris*, 1866, in-12, eau-forte, br. — Les Lions du jour, physionomies parisiennes. *Paris*, 1867, in-12, br.

1091. Girardin (Mme Emile de). Le vicomte de Launay. Lettres parisiennes. Introduction par Théophile Gautier. *Paris*, 1862, 4 vol. in-12, portr., br.

1092. Karr (Alphonse). Les Guêpes. *Paris*, 1858-59, 6 part. en 3 vol. in-12, dem.-chagr. rou.

1093. Koning (Victor). Les Coulisses parisiennes. *Paris*, 1864, in-12, br. — Tout Paris. Lettre buissonnière, par Henry de Pène. *Paris*, 1872, in-12, br.

1094. Veuillot (Louis). Les Odeurs de Paris. *Paris*, 1867, in-8, broché.

1095. Wolff (Albert). Mémoires du boulevard. 2e édit. *Paris*, 1866, in-12, br.

1096. Yriarte (Charles). Portraits parisiens. *Paris*, 1866, 2 vol. in-12, fig. de Morin, br. — Le Puritain. Scènes de la vie parisienne. *Paris*, 1873, in-12, br.

7. — ÉTUDES PARISIENNES, ROMANS DE MŒURS

1097. Audigier (Henry d'). La Vie de garçon. Souvenirs anecdotiques d'un chroniqueur parisien. *Paris*, 1859, in-12, br. — Henri Augu et E. Gallaud. L'Abbesse de Montmartre. *Paris*, 1870, 2 vol. in-12, br.

1098. Banville (Th. de). Les Camées parisiens. *Paris*, *Pin-*

cebourde, 1866-73, 3 vol. in-12, front. et portr., pap. de Holl., cart.

Tiré à petit nombre.

1099. Banville (Théod. de). Les Parisiennes de Paris. *Paris*, 1866, in-12, br. — Béchard (Frédéric). L'Echappé de Paris. *Paris*, 1862, in-12, br. — Les Existences déclassées. *Paris*, 1863, in-12, br.

1100. Belot (Adolphe). Mademoiselle Giraud, ma femme. — La Femme de feu. — Hélène et Mathilde, roman inédit. — Deux Femmes (l'Habitude et le Souvenir). *Paris*, 1870-1874, 4 vol. in-12, br.

1101. Boigne (Comtesse de). Une Passion dans le grand monde. *Paris*, 1867, 2 vol. in-12, br. — Borys (Gontran). Les Paresseux de Paris. *Paris*, 1870, 2 vol. in-12, br.

1102. Champfleury. La Mascarade de la vie parisienne. 2e édit. *Paris*, 1861, in-12, br. — Cadol (Edouard). Le Monde galant. *Paris*, 1873, in-12, br. — Rose, splendeurs et misères de la vie théâtrale. *Paris*, 1874, in-12, br.

1103. Charnacé (Comte Guy de). Les Femmes d'aujourd'hui. Esquisses. *Paris*, 1866, in-12, br. — Chavette (Eugène). L'Héritage d'un pique-assiette. *Paris*, 1874, 3 vol. in-12, br.

1104. Coran (Ch.). Dernières Elégances. *Paris*, *Lemerre*, 1869, in-8, br.

Avec cette note autographe signée de Monselet :
« Pourquoi les *dernières*? Tant qu'il existera des gourmets littéraires, il « y aura des lecteurs pour M. Coran. »

1105. Delvau. Cent derniers exemplaires des Heures parisiennes, par Alfred Delvau, augmentées d'un appendice contenant l'histoire de ce livre, etc. *Paris*, 1872, pet. in-8, eaux-fortes de E. Benassit et portr., br.

1106. Deligny (Eugène). Les Cabotins. *Paris*, 1874, in-12, br. — Mémoires d'un dissipateur. *Paris*, 1868, in-12, br. — Rolande. Etude parisienne, par Fervacques et Bachaumont. *Paris*, 1873, in-12, br.

1107. Diguet (Charles). Amours parisiens. *Paris*, 1873, in-12, front., br. — Blondes et Brunes. *Paris*, *Jouaust*, 1866, in-16, pap. de Holl., frontisp., br.

1108. Diguet (Charles). Blondes et Brunes. *Paris, Jouaust.* 1866, in-16, pap. de Holl., eau-forte, br.

1109. Diguet (Charles). Les Jolies Femmes de Paris. *Paris,* 1870, in-8, pap. vergé, eaux-fortes (20) par Martial, ornements par Morin, dem.-chag. rou., tr. supér. dor., n. rog.

1110. Feuillet (Octave). Monsieur de Camors. *Paris,* 1868, in-12, dem.-chagr. or., tête dor., n. rog. — La Petite Comtesse. *Paris,* 1871, in-12, dem.-v. fauve, tête dor., n. rog.

1111. Feydeau (Ernest). La Comtesse de Thalis, ou les Mœurs du jour. *Paris,* 1868, in-12, br. — Comment se forment les jeunes gens. *Paris,* 1869, in-12, br. — Les Amours tragiques. *Paris,* 1870, in-12, br.

1112. Gaboriau (Emile). Romans divers. *Paris,* 1868-74, 20 vol. in-12, br.

1113. Gautier (Théophile). Mademoiselle de Maupin. *Paris,* 1863, in-12, br. — Poésies nouvelles. *Paris,* 1866, in-12, br. — Les Jeunes-France, roman goguenard. *Paris,* 1873, in-12, br. — Portraits contemporains. *Paris,* 1874, in-12, broché.

1114. Houssaye (Arsène). Œuvres. *Paris,* 1865-70, 20 vol. in-8, portraits et figures, br.

1° Mademoiselle.	1 volume.
2° Notre-Dame de Thermidor.	1 —
3° Le chien perdu et la femme fusillée.	2 —
4° Les Grandes Dames.	4 —
5° Les Parisiennes.	4 —
6° Les Mille et une Nuits parisiennes .	4 —
7° Les Courtisanes du monde.	4 —

1115. Houssaye (Arsène). Les Mille et une Nuits parisiennes. *Paris,* 1875, 3 vol. gr. in-8, portr., br.

1116. Kock (Henry de). Les Accapareuses. *Paris,* 1864, in-12, br. — Koning (Victor). Voyage autour du demi-monde. Préface par Th. Barrière. *Paris,* 1866, in-12, br. — Goncourt (Edm. et Jules). Germinie Lacerteux. *Paris,* 1865, in-12, br. — Mancel (Georges). La Vie à grandes guides. Dessins par Hadol. *Paris, s. d.,* in-12, br.

1117. Mané. Paris aventureux. — Paris mystérieux. — Paris viveur. — Paris effronté. — Paris amoureux. *Paris,* 1860-1864. Ensemble 5 vol. in-12, fig., br.

1118. MONNIER (Henri). Les Bas-fonds de la société. *Paris*, 1862, gr. in-8, pap. de Holl., parch.

Tiré à 200 exemplaires (nº 111).

1119. MONSELET (Ch.). Les Aveux d'un pamphlétaire. *Paris*, 1854, in-18, br. — Le Musée secret de Paris. *Paris, s. d.*, in-18, br.

1120. MONSELET (Charles). Les Tréteaux, avec un frontispice dessiné et gravé par Bracquemond. *Paris*, 1859, in-12, br.

1121. MONSELET (Charles). Monsieur de Cupidon. — Théâtre du Figaro. — La Franc-Maçonnerie des femmes. — Le Plaisir et l'Amour. — Les Femmes qui font des scènes. — M. le Duc s'amuse. — François Soleil. — La Belle Olympe. — Les Souliers de Sterne. *Paris*, 1858-74. — Ensemble 9 vol. in-12, portr., fig., br.

1122. MONSELET (Charles). Les Créanciers, œuvre de vengeance, avec une cruelle eau-forte d'Emile Bénassit. *Paris*, 1870, in-8, pap. vélin teinté, br.

Exemplaire avec trois états de l'eau-forte, sur papier de Chine, en trois couleurs.

1123. PICARD (Germain). Vous les connaissez!.. Palmyre, — Loïsa, — Eva, — Olympe. Nouvelles en prose et en vers, avec 4 portraits gravés à l'eau-forte par Guillaumot fils. *Paris, Cagnon*, 1876, gr. in-8, pap. teinté, tit. r. et n., br.

1124. PONSON DU TERRAIL. Romans divers. *Paris*, 1866-69, 14 vol. in-12, br.

1125. QUATRELLES. Voyage autour du grand monde. *Paris*, 1869, in-12, br. — La Vie à grand orchestre, charivari parisien. *Paris*, 1873, in-12, br.

1126. RENAUD (Arnaud). Caprices de boudoir. *Paris*, 1864, in-12, fig., br. — RODENBERG (Julius). Paris bei Sonnenschein und Lampenlicht. *Leipzig*, 1867, in-12, cart.

1127. STENDHAL. Armance, ou Quelques Scènes d'un salon de Paris, avec une préface par Charles Monselet. *Paris*, 1853, in-12, dem.-v. v.

1128. VÉRON (le Dr L.). Mémoires d'un bourgeois de Paris. *Paris*, 1856-67, 5 vol. in-12, br. — Mémoires de Bilboquet recueillis par un bourgeois de Paris. *Paris*, 1854, 3 vol. in-12, br.

1129. Wachenhusen (Hans). Vom neven Babylon. Pariser shizzen. *Berlin*, 1872, in-12, br.

Ouvrage piquant sur les mœurs parisiennes.

ENVIRONS DE PARIS

1130. Dictionnaire historique, topographique et militaire de tous les environs de Paris, par M. P. St-A***. *Paris, s. d.*, in-12, carte, bas.

1131. Paris et ses environs. 30 planches sur chine, en 1 vol. in-4 oblong, cart. toile chag.

1132. Galeries historiques du palais de Versailles. *Paris, imprim. roy.*, 1839-48,10 tomes en 9 vol. in-8, pap. vergé, blasons, br.

1133. Paris, Versailles et les Provinces au xviiie siècle, par Dugast de Bois St-Just. *Paris*, 1809, 2 vol. in-8, dem.-v. fauve.

1134. Paris et Versailles il y a cent ans, par Jules Janin. *Paris*, 1874, in-8, portrait, br.

1135. Les Fastes de Versailles, depuis son origine jusqu'à nos jours, par Fortoul. *Paris*, 1839, gr. in-8, fig., dem.-chagr.

1136. Le Palais de Trianon, par M. de Lescure. *Paris, s. d.*, in-12, figures, br.

1137. Rueil, le château de Richelieu, la Malmaison, par Jacquin et Duesberg. *Paris*, 1845, gr. in-8, fig. sur chine, dem.-v. br.

1138. Montmartre et Clignancourt, par Mich. de Tretaigne. *Paris*, 1862, in-8, br.

HISTOIRE DES PROVINCES

1139. Description des fêtes populaires données à Valenciennes, les 11, 12, 13 mai 1851, par la Société des Incas, par Arthur Dinaux. *Lille*, 1850, gr. in-8, illustré, encadrements à chaque page, dem.-ch. r., tr. sup. dor., n. r.

1140. Kommenen und Normannen, von G.-L.-F. Tafel. *Ulm*, 1852, gr. in-8, br.

Savant ouvrage sur les excursions des Normands.

1141. MICHELANT (Dr Heinrich). Gedenkbuch des Metzer Bügers Philippe von Vigneulles aus den Jahren 1471 bis 1522. *Stuttgard*, 1852, gr. in-8, dem.-v. fauve, n. rog.

1142. LIBER vagatorum (le Livre des gueux). *Strasbourg*, 1862, in-12, br.

Tiré à 115 exemplaires.

1143. Testament politique du duc Charles de Lorraine. Edit. nouvelle, précédée d'une étude bibliographique. *Paris*, *Académie des bibliophiles*, 1866, pet. in-8, br.

Tiré à 200 exemplaires sur papier vergé.

1144. L'Invasion de 1814 dans la Haute-Marne, par Steenackers. *Paris*, 1858, in-8, dem.-v. fauve, dos orn.

1145. Histoire des duc de Bourgogne de la maison de Valois, par de Barante. *Paris*, 1829, 12 vol. in-8, figures sur chine, dem.-mar. brun.

1146. Relation de ce qui s'est fait à Lyon au passage de Mgr le duc de Bourgogne et de Mgr le duc de Berry. *Lyon*, *Amaulry et Pascal*, 1701, in-4, cart.

Dans le même volume : Dessin du feu d'artifice dressé sur la Saône, par les ordres des prévost des marchands et eschevins de Lyon. *Lyon*, *Pascal*, 1701.

1147. La Loire historique, pittoresque et biographique, par Touchard-Lafosse. *Nantes*, 1840, 5 vol. gr. in-8, portr. et vues, dem.-v. vert.

1148. Histoire de Blois et de son territoire, depuis les temps les plus reculés jusqu'à nos jours, par Touchard-Lafosse. *Blois, s. d.*, gr. in-8, illustré, br.

1149. Notice historique sur le château de Chenonceaux. *Paris*, 1865, in-12, eau-forte, dem.-maroq. Laval., avec coins, n. rog.

1150. Discours historique sur la châtellenie et le château de Chenonceaux, par le prince Augustin Galitzin. *Tours*, 1858, in-4, cart.

Exemplaire en grand papier.

1151. Le Dernier Siége de Pierrefonds, par Caillette de L'Hervilliers, accompagné d'un plan du château, par Emile Leblanc. *Compiègne*, 1860, in-8, br.

1152. Description du château de Pierrefonds, par Viollet-le-Duc. 2ᵉ édition. *Paris*, 1861, broch. in-8, figures. — Le même ouvrage. 4ᵉ édition. *Paris*, 1865, in-8, fig., br.

1153. Entrées solennelles dans la ville d'Angoulême depuis François Iᵉʳ jusqu'à Louis XIV, par Castaigne. *Angoulême*, 1856, in-8, dem.-rel. v. f.

Tiré à 100 exemplaires.

1154. Histoire des révolutions de l'île de Corse et de l'élévation de Théodore I sur le trône de cet Etat. *La Haye*, 1738, pet. in-12, portr. du baron Neuhoff, vél.

NOBLESSE, CHEVALERIE

1155. Les Généalogies historiques des rois, empereurs, et de toutes les maisons souveraines, par Chassot de Nantigny. *Paris*, 1736, in-4, blasons, v. m. (*Tome* 1ᵉʳ.)

1156. Généalogie historique de la maison royale de France. *Paris*, 1738, in-4, blasons, v. m.

1157. Les Généalogies historiques des rois, ducs, comtes, etc., de Bourgogne. *Paris*, 1738, in-4, blasons, v. m.

1158. Les Généalogies historiques des maisons souveraines d'Italie et des familles papales. *Paris*, 1738, in-4, armoiries, v. m.

1159. Dictionnaire généalogique, héraldique, chronologique et historique, contenant l'origine et l'état actuel des premières maisons de France, par La Chesnaye des Bois. *Paris*, 1757, 3 vol. — Supplément. *Paris*, 1761, 4 vol. — Ens. 7 vol. in-12, dem.-rel.

1160. La Noblesse de France aux Croisades, par P. Roger. *Paris*, 1845, grand in-8, illustré, dem.-ch. bl.

1161. Mémoire sur la noblesse, par le comte de Boulainvilliers. Manuscrit sur papier, du XVIIIe siècle. In-8, maroq. r., dent., tr. dor. (*Anc. rel.*)

1162. Histoire complète de la noblesse de France, depuis 1789 jusque vers l'année 1862, par N. Batjin. *Paris*, 1862, in-8, br. — La Noblesse en France avant et depuis 1789, par Edouard de Barthélemy. *Paris*, 1858, in-12, br.

1163. Dictionnaire des anoblis (1270-1868), suivi du Dictionnaire des familles qui ont fait modifier leurs noms (1803-1870). *Paris*, 1875, gr. in-8 à 2 col., br.

1164. Le Journal de la comtesse de Sanzay, intérieur d'un château normand au XVIe siècle, par M. le comte H. de La Ferrière-Percy. *Paris*, *Aubry*, 1859, in-12, pap. vergé, br.

1165. Histoire du Dauphiné et des princes qui ont porté le nom de Dauphins, particulièrement de ceux de la 3e race, descendus des barons de la Tour-du-Pin. On y trouve une suite de titres pour servir de preuves, avec des observations sur les mœurs et coutumes anciennes et les familles, par J. Moret, marquis de Valbonnay. *Genève, Fabri et Barillot*, 1722, 2 vol. in-fol., cart. et fig., dem.-rel.

1166. Cérémonies des gages de bataille, selon les Constitutions du bon roi Philippe de France. *Paris, imprim. de Crapelet*, 1830, gr. in-8, figures (11), dem.-maroq. rou. du Levant, avec coins, tr. supér. dor., n. rog. (*Smeers.*)

Exemplaire en grand papier vélin.

1167. Le Martyrologe des chevaliers de St-Jean de Hierusalem, dits de Malte, contenant leurs éloges, armes, blasons, preuves de chevalerie et descente généalogique, par Mathieu de Goussancourt. *Paris*, 1643, nombr. blasons, gravés par Michel Van Lochom, 2 tomes en 1 vol. in-fol., v. gr.

1168. Discours adressé au comte de Romanzow, ministre de l'impératrice de Russie, par M. le maréchal de Broglie, à la tête de la noblesse française. *Coblentz*, 1791, in-8, 8 p., br.

Très-rare.

1169. Traité de l'origine des noms et des surnoms. De leur diversité, etc., tant chez les anciens peuples que chez les François, les Allemans, les Polonois, etc., par Gilles-André de La Roque. *Paris*, 1681, in-12, v. br.

1170. Annuaire de la pairie et de la noblesse de France, pub. par M. Borel d'Hauterive. *Paris*, 1843, 44, 58, 64, 66, 68, 71-72, 7 vol. in-12, blasons, br.

1171. Revue historique de la noblesse, par Borel d'Hauterive. *Paris*, 1841-46, 4 vol. gr. in-8, nombr. blasons, dem.-chagr. br. av. coins, tr. supér. dor., n. rog.

BIOGRAPHIE

1172. Nouvelle Biographie générale depuis les temps les plus reculés jusqu'à nos jours, publiée par MM. Firmin Didot frères, sous la direction de M. le Dr Hœfer. *Paris*, 1862, 46 vol. in-8, dem.-chagr. Laval.

1173. Dictionnaire historique et critique de Pierre Bayle. *Rotterdam*, 1720, 4 vol. in-fol., dem.-v. fauve.

1174. Moniteur des dates, contenant un million de renseignements biographiques, généalogiques et historiques, par Œttinger. *Dresde*, 1866-68, 6 tom. en 1 vol. in-4, br., et supplément, tome 7, livraisons 34 à 42.

1175. Dictionnaire critique de biographie et d'histoire, par A. Jal. *Paris*, 1867, gr. in-8, br.

1176. Biographie nouvelle des contemporains, ou Dictionnaire historique et raisonné de tous les hommes qui, depuis la Révolution française, ont acquis de la célébrité, pub. par MM. A.-V. Arnault, A. Jay, E. Jouy, J. Norvins et autres. *Paris*, 1820-1825, 20 vol. in-8, portraits (240), dem.-v. ant.

1177. Galerie des contemporains illustres, par un homme de rien. 3e édit. *Paris*, 1840-1844, 10 vol. in-12, dem.-ch. Lavall.

1178. Dictionnaire universel des contemporains, contenant toutes les personnes notables de la France et des pays étrangers, par G. Vapereau. *Paris*, 1861, 1 fort vol. in-8, cart. toile. — Supplément à la 4e édition, par Léon Garnier. *Paris*, 1873, in-8, br.

1179. Les Vies des hommes illustres de Plutarque, trad. en français, par E. Talbot. *Paris*, *Hachette*, 1872, 4 vol. in-12, dem.-v. citr.

1180. Le Petit Almanach de nos grands hommes. (*Paris*), 1758, in-12, frontisp. gr., v.

1181. Notices et portraits historiques et littéraires, par Mignet. *Paris*, 1862, 2 vol. in-12, br. — Eloges historiques, par le même. *Paris*, 1864, in-12, br.

1182. Mélanges biographiques et littéraires, par Guizot. *Paris*, 1868, in-8, br. — Etudes sur les hommes et les mœurs au XIXe siècle, par Philarète Chasles. *Paris*, *s. d.*, in-12, br.

1183. Petites Biographies. *Paris*, 1826, 21 vol. in-32, br.

Des Archevêques. — Des Députés. — Des Cardinaux. — Des Contemporains. — Des Journalistes. — Des Préfets. — Des Rois de France. — Des Quarante. — Des Médecins français, 2. — Des Gens de lettres. — Des Ministres. — Des Pairs de France, 2. — Lyonnaise — Des Jésuites. — Théâtrale. — Des Souverains, 2.

1184. Physiologies, publiées par Aubert et Lavigne, illustrées par Gavarni, Daumier, Janet-Lange et autres. *Paris*, 1841-42, 28 pièces reliées en 7 vol. in-32, dem.-v. fauve.

1185. Les Binettes contemporaines, par Joseph Citrouillard (par Commerson), portraits par Nadar. *Paris*, 1855, 2 vol. in-32, dem.-chagr. rou.

1186. Les Contemporains, journal critique et biographique ; rédacteur en chef : Eugène de Mirecourt. *Paris*, nos du 6 janv. 1857 au 3 nov. de la même année. Ens. 45 nos. Plus 2 exempl. du no spécimen de décembre 1856.

1187. Personnages énigmatiques. Histoires mystérieuses ; événements peu ou mal connus, par Frédéric Bulau. Trad.

de l'allemand par W. Duckett. *Paris*, 1861, 3 vol. in-12, dem.-chag. r.

1188. Les Oubliés et les Dédaignés, figures littéraires de la fin du XVIIIe siècle, par Charles Monselet. *Alençon*, 1857, 2 vol. in-12, pap. vergé, dem.-maroq. bl., tr. supér. dor., n. rog.

Exemplaire relié sur brochure, provenant d'Asselineau.

1189. Annuaire anecdotique, ou Souvenirs contemporains. *Paris*, 1826 à 1829, 4 vol. in-12, dem.-v. f., dos ornés, tr. dor.

1190. Le Chancelier d'Aguesseau, par Francis Monnier. *Paris*, 1863, gr. in-8, br.

1191. Bacon, sa vie, son temps, sa philosophie, par Ch. de Rémusat. *Paris*, 1858, in-12, br.

1192. Honoré de Balzac, par Théophile Gautier. *Paris*, *Poulet-Malassis*, 1860, in-12, port. à l'eau-forte sur pap. de Chine et sur pap. ordinaire.

1193. Vie de Joseph Balsamo, connu sous le nom de Cagliostro. *Paris*, 1791, in-8, portr., cart.

1194. M. de Chateaubriand, sa vie, ses écrits, par Villemain. *Paris*, 1858, in-8, dem.-chagr. n. — Chateaubriand et son Temps, par le comte de Marcellus. *Paris*, 1859, in-8, dem.-v. ant. — Chateaubriand, sa vie, ses œuvres, étude littéraire et morale, par Ch. Benoit. *Paris*, 1865, in-12, br.

1195. W. Gœthe. Les Œuvres expliquées par la vie, 1749-1795, par A. Mezières. *Paris*, 1872, 2 vol. in-8, br.

1196. Histoire de la vie et des travaux politiques du comte d'Hauterive, par le chevalier Artaud de Montor. *Paris*, 1839, in-8, portr., pap. de Chine, dem.-v. ant. av. coins, n. rog. (*Petit.*)

Tiré à 25 exemplaires sur ce papier.

1197. Mémoires sur la vie de Mlle de Lenclos. *Amst.*, 1758, 3 part. en 1 vol. in-12, port., v. gr. (*Cachet sur le titre.*)

1198. Mémoires sur la vie et les écrits de Mirabeau. *Paris*, 1824, 4 vol. in-8, br.

1199. Etude sur Mirabeau, par Victor Hugo. *Paris*, 1834, broch. in-8.

Édition originale.

1200. Ouvrard (G.-J.). Mémoires sur sa vie et ses diverses opérations financières. *Paris*, 1826, 3 vol. in-8, fac-similes autog., br.

1201. Vie et Aventures de Pigault-Lebrun, par J.-N. B. *Paris, Barba*, 1836, in-8, cart. à la Bradel, n. r.

Peu commun.

1202. Vie privée du maréchal de Richelieu, contenant ses amours et intrigues. *Paris*, 1791, 3 vol. in-8, dem.-v. f., n. r.

1203. Madame Swetchine, sa vie et ses œuvres, par le comte de Falloux, *Paris*, 1860, 2 vol. in-8, br.

1204. Notice sur François Villon, par Aug. Vitu. *Paris*, 1873, in-8, pap. vergé, br.

1205. Voltaire et le président de Brosses, correspondance inédite, publ. par Th. Foisset. *Paris*, 1858, in 8, br. — Voltaire à Ferney, par E. Bavoux. *Paris*, 1860, in-8, br.

BIBLIOGRAPHIE

1206. Jean Gutenberg, premier maître imprimeur, ses faits et discours les plus dignes d'admiration, et sa mort; trad. de l'allem. de Fr. Dingelstedt par Gustave Révilliod. *Genève*, 1858, gr. in-8, pap. de Holl., eaux-fortes, cart., n. rog.

1207. Les Imprimeurs imaginaires et Libraires supposés, étude bibliographique, par Gustave Brunet. *Paris*, 1866, in-8, br.

1208. Histoire littéraire des fous, par Octave Delepierre. *London, Trübner*, 1860, in-8, cart.

1209. Cazin, sa vie et ses éditions, par un cazinophile. *Cazinopolis*, 1863, in-16, pap. teinté, br.

1210. Advis pour dresser une bibliothèque, par G. Naudé. *Paris, Targa,* 1627, in-12, maroq. vert. (*Aux armes de Morante.*)

1211. Plan d'une bibliothèque universelle, par Aimé Martin. *Paris,* 1837, in-8, dem.-chag. n., av. coins.

1212. Notice sur la bibliothèque Mazarine, extrait des recherches sur les bibliothèques anciennes et modernes, par Fr. Petit-Radel. *Paris,* 1819, in-8, portr. et fig., cart.

1213. Le Livre et la Petite Bibliothèque d'amateur. Essai de critique, d'histoire et de philosophie morale sur l'amour des livres, par Gustave Mouravit. *Paris, Aubry, s. d.,* in-8, br.

1214. L'Enfer du bibliophile, par Ch. Asselineau. *Paris,* 1859, in-12, br. — Le Paradis des gens de lettres, par le même. *Paris,* 1862, in-18, eau-forte, br. — Mémoire d'un bibliophile, par Tenant de Latour. *Paris,* 1861, in-12, br.

1215. Les Monogrammes historiques, d'après les monuments originaux, par Aglaüs Bouvenne. *Paris,* 1870, in-18, pap. vergé, br. (*Tiré à petit nombre.*)

1216. Manuel du libraire et de l'amateur de livres, par Jacques-Charles Brunet. *Paris, Didot,* 1860-1865, 6 vol. gr. in-8, dem-mar. Lavall.

1217. De la Bibliographie générale au XIXe siècle, et plus particulièrement du Manuel du libraire et de l'amateur de de livres. Lettre à M. J.-Ch. Brunet, par J.-M. Quérard. *Paris,* 1863, br. gr. in-8. (*Epuisé.*)

1218. Les Supercheries littéraires dévoilées, par J.-M. Quérard. *Paris,* 1869, 3 vol. en 6 part. gr. in-8, br.

1219. Les Auteurs déguisés de la littérature française au XIXe siècle, par J.-M. Quérard. *Paris,* 1845, gr. in-8, 84 p., br.

1220. Dictionnaire des ouvrages anonymes et pseudonymes, par Barbier. *Paris,* 1822, 4 vol. in-8, dem.-v. fauve.

1221. Nouveau Dictionnaire des ouvrages anonymes et pseudonymes, par E. de Manne. *Lyon,* 1862, in-8, dem.-v.

1222. Dictionnaire des pseudonymes, par G. d'Heilly. 2e édition. *Paris*, 1869, in-12, br.

1223. Trésor des livres rares et précieux, ou Nouveau Dictionnaire bibliographique, par J.-G.-Théodore Graesse. *Dresde*, 1858, 7 vol. in-4, br.

1224. Bibliographie biographique universelle, par J.-Marie Œttinger. *Bruxelles*, 1854, 2 vol. gr. in-8, br.

1225. Bibliotheca bibliographica, par le Dr Julius Petzkoldt. *Leipsig*, 1866, gr. in-8, dem.-mar. n.

1226. Bibliographie moliéresque, par Paul Lacroix. *Paris*, 1875, in-8, pap. de Holl., portr. à l'eau-forte gr. par Adr. Lalauze, br.

1227. Bibliographie des ouvrages relatifs à l'amour, aux femmes, au mariage. 2e édition. *Paris*, *Gay*, 1864, in-8, dos et coins de maroq. rou.

1228. Bibliographie des ouvrages relatifs à l'amour, aux femmes, au mariage (par le comte d'I***). *Turin*, 1871, 6 vol. in-16, br.

1229. Guide de l'amateur de livres à vignettes du XVIIIe siècle, par Henry Cohen. *Paris*, *Rouquette*, 1870, in-8, pap. de Holl., br.

1230. Manuel de l'amateur d'illustrations, par Sieurin. *Paris*, 1875, in-8, br.

1231. Iconographie des estampes à sujets galants et portraits de femmes célèbres par leur beauté (par le comte d'I***). *Paris*, 1868, gr. in-8, dos et coins de maroq. rou.

Un des 25 exemplaires sur papier vergé.

1232. Notice sur les écrivains érotiques du XVe siècle et du commencement du XVIe. *Bruxelles*, 1865, in-12, pap. vergé, br.

1233. Bibliographie romantique, par Ch. Asselineau. 3e édit. *Paris*, 1874, in-8, eau-forte de Bracquemond, br., n. c.

1234. Analecta biblion, ou Extraits critiques de divers livres rares, oubliés ou peu connus, tirés du cabinet du marquis du Roure. *Paris*, *Techener*, 1836, 2 vol. in-8, pap. vélin dem.-v. fauve, tête dor., n. rog. (*Rare*.)

1235. Variétés bibliographiques, par Edouard Tricotel. *Paris*, 1863, in-12, br.

1236. Fantaisies bibliographiques, par Gust. Brunet. *Paris*, *Gay*, 1864, in-12, pap. vergé, br. — Curiosités bibliographiques et artistiques, par le même. *Genève*, 1867, in-8, br.

1237. NODIER (Charles). Dix brochures in-8.

De Quelques Livres satiriques et de leurs Clefs. 2 broch. — Comment les patois furent détruits en France. — De la Maçonnerie et des Bibliothèques spéciales. 2 broch. — Des Nomenclatures scientifiques. — Des Auteurs du XVIe siècle qu'il convient de réimprimer. — Des Artifices que certains auteurs ont employés pour déguiser leurs noms. — Echantillons curieux de statistique. — Des Annales de l'imprimerie des Aldes. — Des Matériaux dont Rabelais s'est servi pour la composition de son ouvrage. — De la Liberté de la presse avant Louis XIV.

1238. Destruction de la fortune mobilière en France par le monopole de l'Hôtel des ventes. Dédié à l'Ass. nat. et au Conseil municipal de Paris, par Préseau. *Paris*, 1875, in-12, pap. vél., br.

1239. Bibliographie des journaux, par Deschiens. *Paris*, 1829, in-8, br.

1240. Bibliographie historique et critique de la presse périodique française, par Hatin. *Paris*, 1866, gr. in-8, portr., br.

1241. Histoire anecdotique et critique de la presse parisienne, 2e et 3e années, 1857 et 1858, par Firmin Maillard. *Paris*, 1859, in-12, br. (*Env. d'auteur*.)

1242. Les Gazettes de Hollande et la Presse clandestine aux XVIIe et XVIIIe siècles, par Eug. Hatin. *Paris*, 1865, in-8, pap. de Holl., eau-forte, dem.-maroq. v.

1243. Nouveaux Eclaircissements sur les Mémoires de Hollande, par Briquet. *Paris*, 1857, in-18, pap. de Hollande, br.

1244. Recherches sur les cartes à jouer et sur leur fabrication en Belgique depuis l'année 1379 jusqu'à la fin du XVIIIe siècle, par Pinchart. *Bruxelles*, 1870, in-8, pap. vergé, br.

1245. Catalogue des écrits, gravures et dessins condamnés depuis 1814 jusqu'au 1er janvier 1850, suivi de la liste des individus condamnés pour délits de presse. *Paris*, 1850, in-12, br.

1246. Les Autographes et le Goût des autographes en France et à l'étranger, par de Lescure. *Paris, Gay*, 1865, gr. in-8, pap. vergé, br.

Tiré à 50 exemplaires.

1247. Mélanges curieux et anecdotiques tirés d'une collection de lettres autographes et de documents historiques ayant appartenu à M. Fossé-Darcosse, pub. par Ch. Asselineau. *Paris*, 1861, in-8, dem.-chagr. rou. av. coins.

1248. Catalogue de livres d'estampes et de figures en taille-douce, de la collection de l'abbé de Marolles. *Paris, Léonard*, 1666, pet. in-8, v. m. (*Un trou emportant du texte au* 1er *ff*.)

1249. Livres du boudoir de la reine Marie-Antoinette. Catalogue authentique et original, publié pour la première fois, avec préface et notes, par Louis Lacour. *Paris*, 1862, pet. in-12, pap. de Holl., br.

Tiré à petit nombre.

1250. Bibliothèque de la reine Marie-Antoinette au Petit-Trianon, d'après l'inventaire original dressé par ordre de la Convention. Catalogue avec des notes inédites du marquis de Paulmy, mis en ordre et publié par Paul Lacroix. *Paris, Gay*, 1863. in-12, pap. vergé, br.

1251. Bibliothèque de la reine Marie-Antoinette au Petit-Trianon; catalogue avec des notes inédites du marquis de Paulmy. *Paris, Gay*, 1863, pet. in-12, br.

Exemplaire sur papier de Chine. *Tiré à 15 exemplaires.*

1252. Catalogue de Mac-Carthy Reagh. *Paris, de Bure*, 1815, 2 vol. in-8, fig. et fac-simile, br.

1253. Catalogue of the library of the late Richard Heber, esq. *London*, 1834-1836, 12 vol. in-8, cart. — Catalogue des livres de la bibliothèque de feu M. Richard Heber. *Paris*, 1836, 2 vol. in-8, br.

1254. Catalogue des livres imprimés, manuscrits, estampes et cartes à jouer composant la bibliothèque de M. C. Leber. *Paris*, 1839-1852, 4 vol. in-8, fac-simile, br.

1255. Catalogue de la bibliothèque de M. Félix Solar. *Paris*, 1860, in-8, dem.-v. f., n. rog.

1256. Description historique et bibliographique de la collection de feu M. le comte H. de La Bédoyère, sur la Révolution, l'Empire et la Restauration, rédigée par France. *Paris*, 1862, in-8, pap. vert, portr., dem.-v. f., n. rog. (*Autographe de M. de La Bédoyère.*)

1257. Notice sur un bibliophile émigré (le marquis de Romance de Mesnon, né en 1745, mort à Neuilly en 1830), par le prince Aug. Galitzin. *Paris, Lahure*, 1865, in-8, pap. vergé, br.

1258. Le Bibliophile illustré, par Berjeau. *Londres*, 1862, gr. in-8, gravures sur bois, br.

1259. La Petite Revue. *Paris, Pincebourde*, années 1863 à 1867. Ensemble 13 vol. pet. in-8, br.

1260. La Gazette de Hollande. Nos du 10 août 1867 au 4 janvier 1868. In-4, pap. vergé, br.

1261. La Revue de poche, littéraire et anecdotique. *Paris*, 1867, 3 vol. in-12, pap. vergé, cart. percal., n. rog. — La Nouvelle Revue de poche. *Paris*, 1868, pet. in-12, pap. vergé, cart. percal., n. rog. (*Tome Ier.*)

1262. Le Bibliophile français. Gazette illustrée des amateurs de livres, d'estampes et de haute curiosité. *Paris*, 1868, in-8, pap. de Holl., figures et blasons, br. (*Tome Ier.*) — Le même ouvrage. Livraisons du 1er octobre 1868 au 1er avril 1869. 7 broch. in-8.

1263. Polybiblion. Revue bibliographique universelle. *Paris*, années 1868 à 1875, 1er semestre. Ens. 81 livr. in-8. (*Manquent les livraisons d'août* 1871, *janvier* 1872, *septembre* 1873.) — Bulletin de la Société bibliographique. *Paris*, années 1870 à 1875. Ens. 45 fasc. in-8, br.

OUVRAGES DE G. PEIGNOT

1264. Dictionnaire critique, littéraire et bibliographique des principaux livres condamnés au feu, supprimés ou censurés. *Paris*, 1806, 2 tomes en 1 vol. in-8, dem.-v. fauve, avec coins.

1265. Bibliographie curieuse, ou Notice raisonnée des livres imprimés à cent exemplaires au plus, suivie d'une notice de quelques ouvrages tirés sur papier de couleur. *Paris*, 1808, gr. in-8, pap. vélin, dem.-chagr. rou.

Tiré à cent exemplaires. Note signée de l'auteur, assurant que celui-ci est le dernier.

1266. Répertoire bibliographique universel. *Paris*, 1812, in-8, br.

1267. De la Maison royale de France, ou Précis généalogique et anecdotique sur la famille de Bourbon, par Gabriel Peignot. *Paris et Dijon*, 1815, in-8, front. gr. et portr., dem.-rel.

1268. Abrégé de l'histoire de France, par Gabriel Peignot. — Précis chronologique et anecdotique du règne de Louis XVIII, depuis le mois d'avril 1814 jusqu'au mois de novembre 1816, par le même. *Paris*, *Renouard*, 1819, 2 ouvr. en 1 vol. in-8, portr., dem.-rel., non rogné.

1269. Documents authentiques et Détails curieux sur les dépenses de Louis XIV. *Paris*, 1827, portr. — Recherches sur le luxe des Romains dans leur ameublement. *Dijon*, 1837. — Ens. 2 ouvr. en 1 vol. in-8, dem.-chagr.

1270. Souvenirs relatifs à quelques bibliothèques particulières des temps passés. *Paris*, 1836, in-8, 22 p., br.

1271. Notice chronologique de tous les souverains, princes et princesses d'Europe qui ont péri de mort violente ou qui ont été exposés aux attentats des assassins, de 1437 à 1840. *Paris*, *Aubry*, 1865, br. in-8, pap. vél., cart.

1272. Notice exacte de toutes les personnes nées ou domiciliées dans le département de la Côte-d'Or, qui ont péri sur l'échafaud pendant le régime révolutionnaire (1793-1794). *Paris, Aubry*, 1865, br. in-8, pap. vél., cart.

1273. Recueil de 14 pièces reliées en 1 vol. in-8, dem.-chagr.

Catalogue d'une partie des livres composant la bibliothèque des ducs de Bourgogne au xve siècle. — Souvenirs relatifs à quelques bibliothèques particulières des temps passés. — Les Bourguignons salés, dicton populaire. — De l'Origine de la semaine. — Rech. sur la Philothésie. — Rech. sur l'instrument de pénitence appelé discipline. — De la Liberté de la presse à Dijon. — Nouvelle Recherche sur le dicton : Faire ripaille. — La Selle chevalière. — Rech. sur le mot pontife. — Quelques rech. sur le tombeau de Virgile. — Souvenirs relatifs à saint Paul. — Notice sur Pierre Arétin. — L'illustre Jacquemart de Dijon.

1274. Sous ce numéro, il sera vendu plusieurs lots de bons ouvrages de divers genres.

Paris. — Imp. Gauthier-Villars, 55, quai des Grands-Augustins.

ORDRE DES VACATIONS

1re Vacation : *Mercredi* 14 *Mars* 1877.

	Numéros.
Théologie, Jurisprudence	1—37
Sciences et Arts	38—54
Sciences naturelles et médicales	55—68
Beaux-Arts	69—123
Littérature	124—163
Poètes	164—200

2e Vacation : *Jeudi* 15.

Théâtre	201—250
Romans	251—306
Contes	307—321
Sur les femmes, l'amour et le mariage	322—418

3e Vacation : *Vendredi* 16.

Facéties	419—465
Polygraphes, Collections, Mélanges	466—507
Histoire, Généralités	508—565
Histoire de France	566—630

4e Vacation : *Samedi* 17.

Histoire de France	631—773
Révolution, Empire	774—858

5e Vacation : *Lundi* 19.

Histoire de France. — Empire	859—901
— — Louis XVIII et Charles X	902—924
— — Louis-Philippe	925—949
— — Napoléon III, la Guerre et la Commune	950—996
Ouvrages sur Paris	997—1069

6e Vacation : *Mardi* 20.

Ouvrages sur Paris	1070—1138
Histoire des Provinces	1139—1154
Noblesse, Chevalerie	1155—1171
Biographie, Bibliographie	1172—1274
Ouvrages en lots de divers genres.	

Paris. — Imp. Gauthier-Villars, 55, quai des Grands-Augustins.

www.ingramcontent.com/pod-product-compliance
Lightning Source LLC
LaVergne TN
LVHW020025170826
845678LV00001B/116

9782329756233